模型づくりからはじめる建築製図の基礎

小杉 学

彰国社

ブックデザイン・宇那木孝俊（宇那木デザイン室）

はじめに

　私が建築を学び始めた頃、建築家がデザインする魅力的な建築は、専門誌でしか紹介されていませんでした。それがいまでは、一般雑誌やテレビ、インターネットなどで頻繁に紹介されるようになり、さらに、建築がつくられていくプロセスや、その建築に居る人の喜びや活き活きとした姿までもが、親しみやすく紹介されています。このようにして、人々が建築の魅力やつくるプロセスを身近に感じ、関心を抱くようになってきたことは、建築に関わる者にはとても嬉しいことです。

　このことは、建築系の学科に入学する学生の資質の変化にも影響しているように思います。私が学生だった頃、デザインを志す学生の多くは、子どもの頃から「ものづくり」に親しんでおり、自らが頭の中でイメージしたカタチを、スケッチであれ模型であれ、ある程度は具体的に表現することができました。イメージを表現するための「トレーニング」が、これまでの生活の中で自然になされてきたのです。それは頭で理解するものではなく、経験を重ねる中で体が理解していくものです。

　しかしながら、近年では、建築を志す学生だからといって、必ずしもそれらの能力が備わっているわけではありません。むしろ、備わっていない学生の方が多くなってきたように感じています。彼らの多くは、テレビや雑誌を通して初めて建築に興味を持つようです。つまり、トレーニングがなされていないのです。

　建築を教える教員の多くは、自分がそういったトレーニングをしてきたという認識を持っていません。そのためか、ある程度のトレーニングができていることを前提として製図や模型製作の説明を始めてしまいます。当然、学生は戸惑います。トレーニングの経験がない学生が頭の中で3次元の建築物を2次元の平面図に変換すること、とりわけ「断面図」をイメージすることは極めて困難です。

　このような状況を少しでも改善したいと思い、試行錯誤してきたのが、本書で紹介する演習プログラムです。製図や模型製作を教わる前のトレーニングの段階として構想しました。そしてその経験が製図や模型製作の演習にそのまま活かされるように構成しています。

「建築デザインを学び始めたけれど、他の学生のようにうまく模型がつくれない。図面が描けない。自分には向いてないのだろうか……」。そんな学生にこそ、本書を通して、「ものづくり」の基礎を学んで欲しいのです。そして、建築デザインという魅力的な世界に臆せず足を踏み出してもらえればと思っています。

小杉 学

もくじ

手でつくる 模型編

- **LESSON 01** 道具と材料の準備 — 10
- **LESSON 02** スチレンボードを加工する — 12
- **LESSON 03** 立方体をつくる — 16
- **LESSON 04** 家のカタチをつくる — 20
- **LESSON 05** 立体曲面をつくる — 24
- **LESSON 06** 切妻屋根の住宅模型 — 30
- **LESSON 07** 建築図面の読み方 — 38
- **LESSON 08** L字形平面の住宅模型 — 48
- **LESSON 09** コートのある住宅模型 — 58
- **LESSON 10** 丸屋根のある住宅模型 — 68
- **LESSON 11** テラスとピロティのある住宅模型 — 84

手で描く 製図編

- **LESSON 12** 製図用具の準備 —— 100
- **LESSON 13** 平行定規で線を引く —— 102
- **LESSON 14** 製図の基本練習 —— 108
- **LESSON 15** 建築図面のトレース —— 114
- **LESSON 16** コートのある住宅・平面図 —— 130
- **LESSON 17** コートのある住宅・断面図 —— 142
- **LESSON 18** コートのある住宅・立面図 —— 150
- **LESSON 19** テラスとピロティのある住宅の図面化 —— 152

この本の使い方

▶ 模型の図面化

　この本は、大きくは「**手でつくる　模型編**」と「**手で描く　製図編**」に分かれています。
　一般的な建築設計教育とは異なり、**製図を学ぶ前に模型をつくる**ことから始めます。

　それは、ある建築物を上から見たり横から見たり、さらには切断したときのイメージを頭の中に描くことができていないまま製図の勉強を進めても、多くの場合その意味がほとんど理解できていないからです。

　模型編では、**実際に自分で建築模型をつくっていきます**。その過程では、模型を上から見たり横から見たり、時には模型を切断する、ということが必然的に繰り返し行われます。

　そのことが、製図をするときに必要不可欠な「**頭の中に建築物を立体的にイメージする**」**ことのトレーニング**となります。建築物をある角度から見たときにどのように見えるのか、また、切断したときにはどのように見えるのかを想像する感覚が、徐々に身に付いていきます。
　同時に、模型づくりから始めることで、製図から始めるより早い段階から、建築デザイン特有の面白さでもある「**平面と立体を関連付けてデザインすること**」**の楽しさを実感する**ことができます。

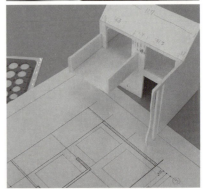

　製図編では、模型編で作製した模型の図面化作業を通して、製図のトレーニングを進めていきます。**自作模型を実際に眺め、図面との対応を確認しながら製図を進めていく**ことで、平面図や断面図の描き方のポイントを体得していくことができます。

▶ 建築の先生や専門家の方へ

　この本で例示する模型や図面には、**窓サッシや扉がありません**。また、2階に上るための階段も**ほとんどありません**。壁の厚さや床スラブは**すべて同じ厚さです**。さらには、1階居室の床が**地面と同じレベル**だったりします。かろうじて建築らしく見える程度まで、例示する建築のデザインはあえて**単純化**しています。また、必要な**建築の知識も最低限に絞り込んでいます**。
　それは、ものづくりの経験が少ない初学者が、設計製図や建築を学習する前に、またはそれと並行して建築模型や設計製図の基礎的な「作法」を楽しく体得し、建築製図を学ぶ上で前提となる「立体と平面の間を頭の中で自在に往き来する」能力を養うことを主眼としているからです。

学習の流れ

まずは「手でつくる　模型編」からスタートします。模型編では、建築の知識はなくとも、模型づくりを通して建築をつくり出すことの楽しさを実感してください。

その次に「手で描く　製図編」に入ります。製図編では、一般の教科書でも紹介されている重要な前提知識と基本技術の中から、これだけは確実に覚えて欲しいことに絞り込んでトレーニングを行います。その際に、模型編で作製した模型を活用します。

手でつくる 模型編			手で描く 製図編	
LESSON 01	道具と材料の解説		道具と材料の解説	LESSON 12
LESSON 02	材料の加工方法の解説		平行定規で多様な線を描く トレーニング	LESSON 13
LESSON 03				
LESSON 04	単純な形態の立体模型作製 トレーニング		図面の前提知識と基本技術 トレーニング	LESSON 14
LESSON 05				
LESSON 06	作製した模型に照らして建築図面の読み方を解説	模型を活用 →	見本図面の描き写し トレーニング	LESSON 15
LESSON 07				
LESSON 08	建築図面から模型を作製 トレーニング	模型を活用 →	LESSON 09 で作製した模型を図面化 トレーニング	LESSON 16
LESSON 09				LESSON 17
LESSON 10				LESSON 18
LESSON 11	建築模型を自分でデザイン チャレンジ	模型を活用 →	デザインした模型を図面化 チャレンジ	LESSON 19

演習計画の例

参考までに、本書を活用した大学での演習計画（1年生・前期）の例を紹介します。

90分×2コマの連続授業として、第1週目から第7週目までが模型編、第8週目から第15週目までが製図編です。

模型編のうち、LESSON04、08、10は宿題、または余力のある学生への追加課題として考えています。

	演習（90分×2コマ）
第1週目	LESSON 01 ～ 03 LESSON 04 は宿題
第2週目	LESSON 05、06
第3週目	LESSON 07 LESSON 08 は宿題
第4週目	LESSON 09
第5週目	LESSON 09 LESSON 10 は宿題
第6週目	LESSON 11
第7週目	LESSON 11

第8週目	LESSON 12、13
第9週目	LESSON 14
第10週目	LESSON 15
第11週目	LESSON 16
第12週目	LESSON 17、18
第13週目	LESSON 19
第14週目	LESSON 19
第15週目	LESSON 19

手でつくる 模型編

LESSON 01 道具と材料の準備

道具をそろえよう

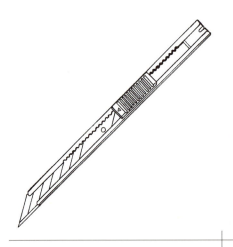

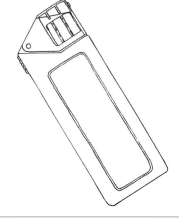

● **カッター**
30°カッター
模型を正確につくるためには、刃先が30°の細身のカッターを使用します。お金がもったいないからといって、自宅にあるさびついた太いカッターを使わないように。

● **替刃**
模型をつくるために、カッターの刃はいつも切れ味抜群のものを用意しておく必要があります。
この替刃ケースは、使い終わった不要な刃も安全に収められるようになっています。

● **直角定規（スコヤ）**
建築模型では正確に直角をつくり出すことがとても重要です。直角を切り出すときや、直角を確認するときに大変役立ちます。
「スコヤ」と呼ばれることも多く、本書でもそう呼んでいます。

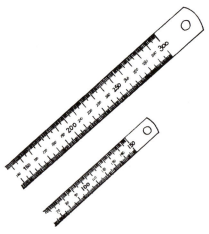

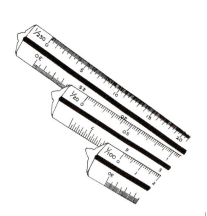

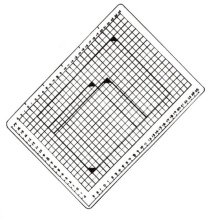

● **金尺**（かなじゃく）
15cmと30cmの両方を用意しましょう。

● **三角スケール**
略して「サンスケ」。
いろいろな縮尺がついている定規です。1／50があると便利です。

● **カッターマット**
机を傷つけないよう、必ずこの上で作業しましょう。
300㎜×450㎜の以上の大きさを確保しましょう。

材料をそろえよう

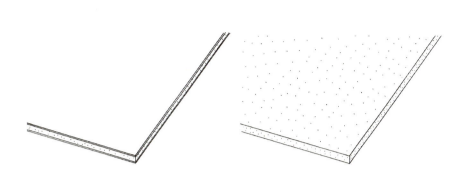
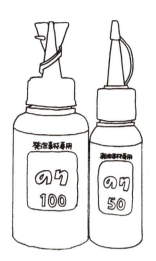

- **スチレンボード**
ポリスチレンペーパーの両面に紙を貼り付けたもので、これが建築模型のメインの材料になります。本書では厚さ3mmのものを使います。

- **スチレンペーパー**
スチレンペーパーという名前なのに紙は使われていません。むしろスチレンボードから紙をはがしたものです。紙がないのでカットがしやすく、カタチを思考するために使います。本書では厚さ3mmのものを使います。

- **スチのり**
スチレンボードやスチレンペーパーを接着するときに使います。大きいサイズもありますが、50ccが使いやすいと思います。ふたが取れやすいので、持ち運びや保管のときは、テープを巻いておくなど十分に気を付けてください。カバンの中にこぼして泣いた人は少なくありません。

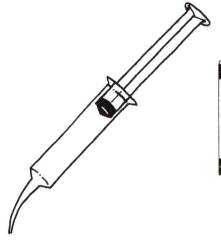
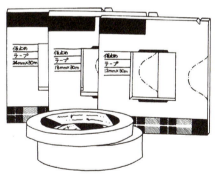
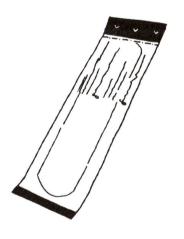

- **ぞうさん**
ユニークなカタチから「ぞうさん」と呼ばれています。
細かい部分にスチのりを付けるときに便利です。注射器のような本体にスチのりを入れて使います。

- **ドラフティングテープ**
略して「ドラテ」。
スチのりを付ける前に、パーツ同士の仮留めをするときに使います。
また、不安定なカタチで接着した場合に、スチのりが乾くまでカタチが変形しないよう固定するために使います。

- **ばんそうこう**
初心者は用意しましょう。

LESSON 02 スチレンボードを加工する

カッターの使い方

①カッターは、ペンを持つように握ります。刃は、刻んである溝2つ分を出します。

②③切れ味が悪くなったら、刃を折って新しい部分を使用します。カッターのストッパーを引き抜き、中央の溝に刃を引っかけると簡単に折ることができます。

④折った刃は、空き缶などのふたができる安全な容器に必ず入れておきましょう。

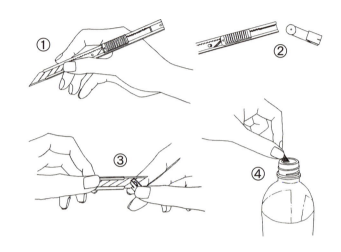

直線カット

①金尺をスチレンボードの上に置き、動かないようにしっかりと手で押さえます。

②金尺から指が出ていると指を切ってしまいます。注意しましょう。

③④金尺に沿ってカッターをあてます。このとき、カッターの刃が金尺に対して垂直にあたっているか確認します。

⑤⑥カッターの刃が金尺に対して垂直になっていないと、切り口が斜めになってしまいます。これは、模型に隙間ができる原因になります。

⑦⑧カッターの刃は、スチレンボードの面に対して角度が小さくなるように、なるべく寝かせるようにあてます。刃の多くの部分がスチレンボードにあたることで、小さな力で無理なくキレイにカットすることができるのです。この点はとても重要なので、常に意識してください。

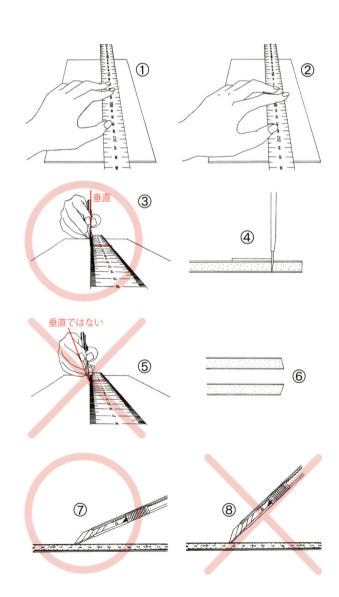

⑨⑩垂直を保つために**手首は動かさず、肘を手前に引く**ことで、カッターを一気に上から下に引き下ろします。手前に引いた肘が自分のお腹にぶつからないように、**定規は自分の右肩の前**で押さえます。

⑪一度のカットで切り離そうと思わずに、1回目は表面の紙の部分だけ、2回目は中のポリスチレンの部分だけ、3回目は裏面の紙の部分だけをカットします。

⑫このように、3回のカットでスチレンボードをキレイに切り離すことができます。

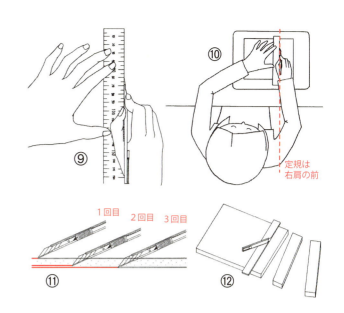

切り抜きカット

①窓をつくるために、スチレンボードから四角形を切り抜く方法を説明します。

②まず、定規を使って鉛筆で正確に下書きをします。

③図のA→Bへ、カッターを上から下へ動かして、直線カットの方法で3回から4回でカットします。このときに、コーナーから数ミリ程度はみ出しても良しとします。その分コーナーをキレイに切り抜くことができます。

④スチレンボードを90°回転させて、Cが上、Aが下になるように置き、図のC→Aをカットします。毎回このようにして、カッターは必ず上から下へと動かすようにします。

⑤同様にして、4辺をカットします。

⑥4辺をカットしてもまだ切り抜くことができない場合は、スチレンボードを裏返して、切れ目が見えるところに金尺をあてて、**切れていない部分**をカッターで切ります。

⑦切り抜いたら、残っている下書きの線をこの段階で（消しゴムで）消します。下書き線が残っていると、作業中に鉛筆の粉が手に付き、それがまた模型に付くという繰り返しで、どんどん模型が黒ずんで汚れてしまいます。

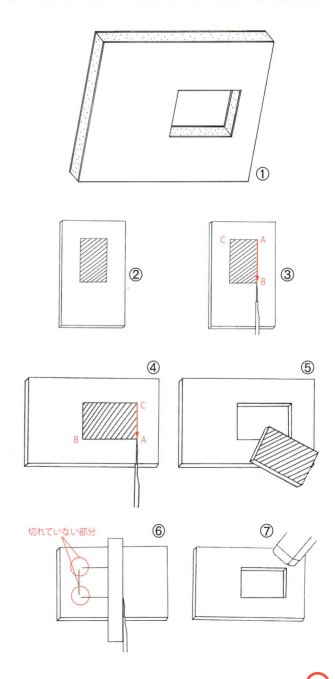

欠き落としカット

①壁と壁を直角に接着するときに、ただ単にスチレンボードを直角に接着しただけでは、一方のスチレンボードのカット面が見えてしまい、不格好な仕上がりになってしまいます。

②そこで、一方のスチレンボードの端の部分を、スチレンボードの厚さ3mm分だけ、紙1枚を残して「欠き落とし」する方法を説明します。

③そうすることで、残した紙がカット面に被さり、コーナー部分がキレイに見えます。

④まず、3mm幅の「欠き落とし」部分の下書き線を入れます。慣れてくると、測らなくても、3mmの位置がだいたい分かるようになってきます。

⑤下書き線に金尺をあてて、**一番下の紙を切らないように**注意しながら、カッターで切り込みを入れていきます。

⑥一番下の紙とポリスチレンの間に、図のようにカッターの先端を差し込み手前に引きます。

⑦不要な部分を引きはがします。はがれないようであれば、カッターを少しずつ入れて再度試します。

⑧不要な部分がはがれても、紙にはまだポリスチレンがこびりついています。

⑨ポリスチレンを完全に取り去るために、スコヤの取っ手の角の部分を、こびりついたポリスチレンに引っかけて削ぎ落とします。

⑩こびりついたスチレンがすべて取り去られて、紙がツルツルの状態になるようにします。あまり強くこすると紙が破けてしまうので、気を付けてください。

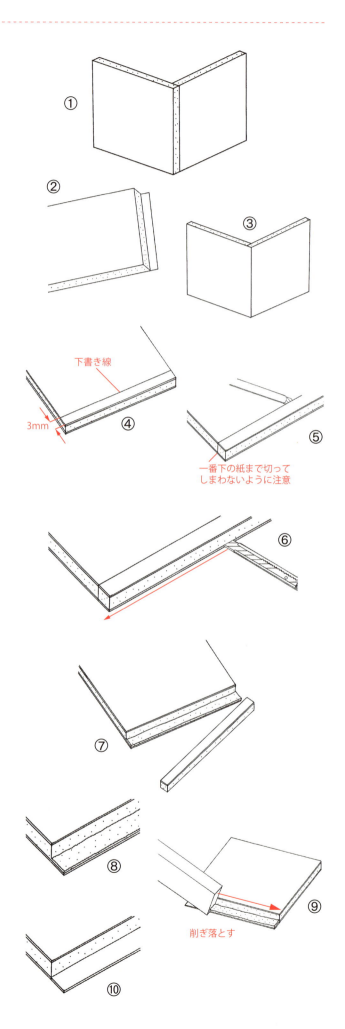

コーナー部分の接着

①欠き落としカットしたスチレンボードの紙だけの部分と、ポリスチレンの側面、それぞれの全面にスチのりを薄く付けます。たっぷり塗る方がよいというのは間違った考えです。乾くまでに時間がかかるばかりか、のりがはみ出して汚らしい模型になってしまいます。

②スチのり本体の注ぎ口の先の部分でのりをさらに薄くのばし、全体にむらなく塗ります。薄く均一に塗ることで、早くしっかり接着することができます。

③欠き落としカットしたスチレンボードともう1つのスチレンボードを接着し、のりが乾燥するまで動かさないで待ちます。

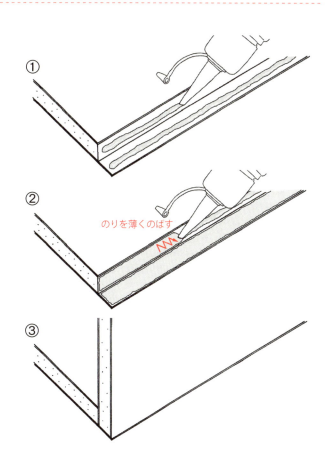

よくある失敗例

コーナー部分がぴったりと合わず、隙間ができてしまうことがよくあります。隙間ができると、全体的に美しくない印象を与えるばかりか、つくられた模型の大きさが図面の寸法とは異なるものになってしまいます（19ページ下段の写真参照）。このようにして生じたズレは、模型を組み立てていく際に、うまくかみ合わない部分が所々に発生する原因となります。

①紙にこびりついているポリスチレンをすべて取りきらないと、直角に接着するときに残っているポリスチレンが邪魔してコーナー部分がぴったりと合わず、隙間ができて汚く見えてしまいます。

②欠き落としの幅がスチレンボードの厚さよりも狭いと、カットした面がコーナー部分ではみ出して隙間ができてしまいます。

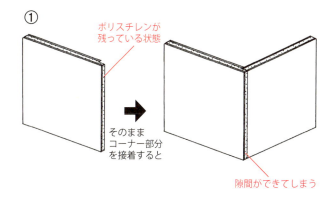

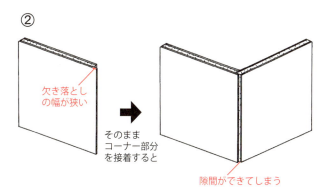

LESSON 03 立方体をつくる

完成見本

　1辺が6cmの立方体です。6つの面のうち、1つの面には中央に1辺が3cmの正方形の穴があいています。ここでは、2つの点に注意して作業を進めます。

　1点目は、面と面のコーナー部分に隙間ができないようにつくること。

　2点目は、穴をあけるときにキレイにカットすること。

　大きさを間違えたり、カットが汚くなってしまった部分は、面倒でもつくり直した方が最終的にはキレイに仕上がります。

作業1：6枚の正方形を切り出す

①購入したスチレンボードの端はつぶれていて、まっすぐになっていない場合があります。

②スチレンボードの端を避けて、図のように鉛筆で薄く下書きをします。

③下書きに沿ってカットします。必ず自分の体と垂直に、上から下へとカッターを引きます。

④決して自分の体と平行にカッターを引いてはいけません。必ずスチレンボードを回転させて、カットする部分を体と垂直にします。

⑤6枚の正方形を重ねて、大きさが同じか確かめます。

⑥大きさが異なるものは面倒でもカットし直します。

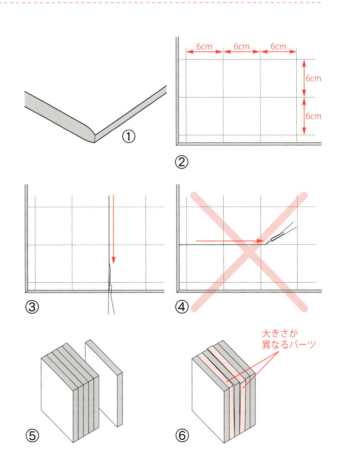

作業2：穴をあける

①切り出した6枚のうちの1枚に、図のような寸法で穴をあける方法を説明します。

②まず、鉛筆で薄く下書きをします。

③「切り抜きカット」をします（13ページ「切り抜きカット」参照）。切り出すときに金尺でもいいのですが、ここでは正確に直角を出すためにスコヤを使ってみましょう。図のようにスコヤをあてて、上から下へカッターを3～4回引きます。

④スチレンボードを90°回転させて、③と同じように上から下へカッターを3～4回引きます。これを繰り返して、4つの辺にカッターを入れます。

⑤裏返すと、カットできていない部分が分かります。この部分は裏からカットします。

⑥隅の部分がキレイにカットできているか確認します。汚い部分は、カッターで修正します。

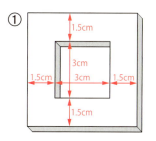
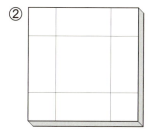

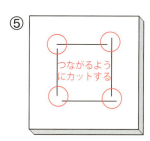
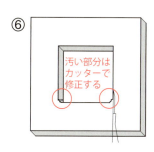

作業3：欠き落とし

切り出した6枚のパーツA～Fは、それぞれ図の赤色の部分を欠き落としします（欠き落としについては14ページ「欠き落としカット」参照）。

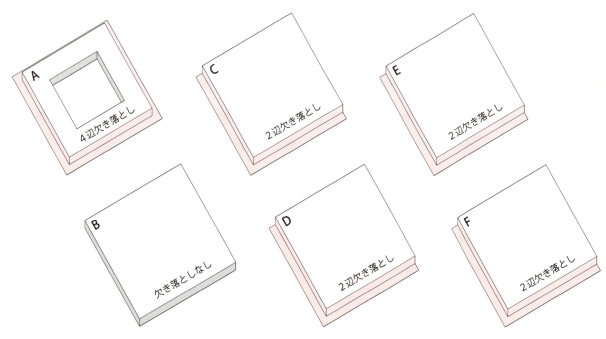

作業4：組み立て

①パーツBを底にして、パーツCと直角に接着します。このとき、接着面に隙間ができるようであれば、パーツCをつくり直します。

②パーツDをパーツB、Cとそれぞれ直角になるように接着します。

③同様に、パーツEを接着します。

④同様に、パーツFを接着すると、上部だけがあいている状態になります。この段階で、直角に接着した面に隙間ができていないか確かめます。隙間があった場合はスチのりが乾かないうちに外し、そのパーツをつくり直します。

⑤最後に、パーツAでふたをします。スチのりをつけずにふたをして、ぴったりと合うことを確認してから、スチのりで接着します。

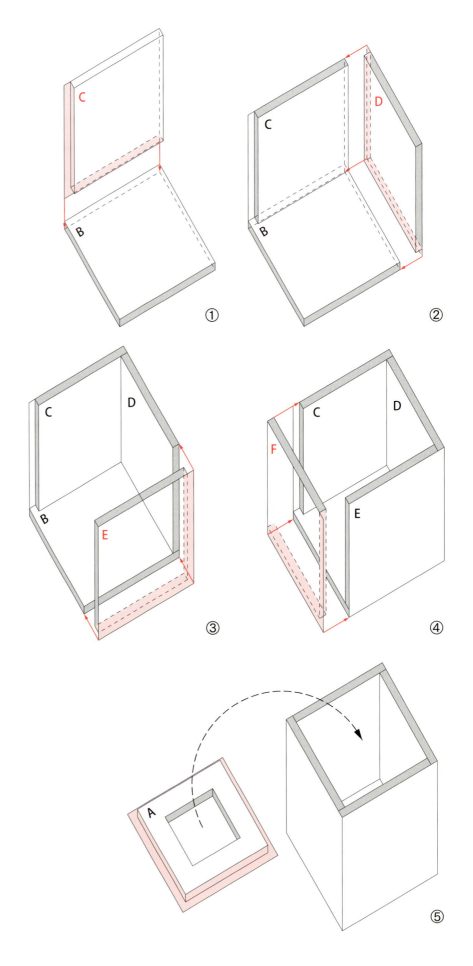

失敗例

■カットした部分がボロボロ

カッターがさびている可能性があります。カッターの刃は切れ味が悪くなったらすぐに折って新しい刃にします。

そして、カットするときには、カッターの刃がスチレンボードとなるべく小さい角度になるように寝かしてください（12ページ「直線カット」参照）。

■いたるところに隙間が発生

以下の可能性があります。

- パーツの切り取り寸法が間違っている。寸法は正確に測り、下書きに沿ってカッターで切り出しましょう。
- 「欠き落とし」の幅がスチレンボードの厚みよりも狭い。
- 「欠き落とし」の紙1枚にすべき部分にポリスチレンが残ってしまっている（15ページ「よくある失敗例」参照）。

つくり方のワンポイントアドバイス

さて、キレイに組み立てることができたでしょうか。ものづくりの作業が苦手な人にはとても大変な作業だったと思います。それでも、キレイに立方体が完成したときには、自分の手でつくり上げたという充実感を感じることができるはずです。この感覚を維持できるように心がけていきましょう。

キレイにつくるためには、時間がかかってもいいので、ひとつひとつの作業を丁寧に進めてください。下書きを書くときの寸法はとても重要です。そして正確に直角がとれているか、スコヤを使って何回も確かめてください。

今回の立方体で隙間ができてしまった人は、なぜできてしまったのか、その原因を探ってください。自分で発見できない人は、先生や友人に発見してもらうといいでしょう。**この段階で隙間ができないように何回も練習してください。**この点はスポーツと同じで、何回も練習しているうちにコツがつかめるはずです。

LESSON 04 家のカタチをつくる

完成見本

家のカタチをした柱状体です。床部分は幅6cm（60mm）、奥行き8cm（80mm）の大きさで、屋根の一番高い所まで7cm（70mm）あります。

屋根は地面から4cm（40mm）のところから始まっていて、45°の傾斜になっています。

ここでは、斜めの屋根と壁がぶつかる部分をキレイに見せる技術を習得します。

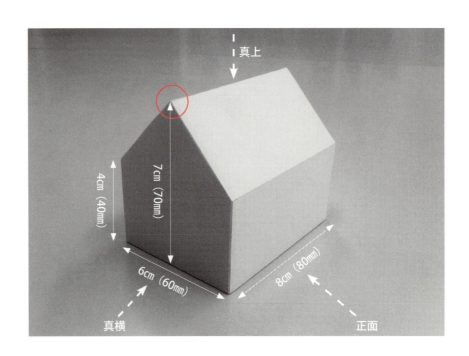

展開図

図面の対象となる物体を、真上、正面、真横の3面から図のように表現した図面を「展開図」といいます。

点線で結ばれた部分（物体の角）は同じ部分になります。

例えば、右の図の〇部分は、いずれも上の写真の赤丸部分と同一の部分です。

図面の●から●までの線を「寸法線」、その間に記された数字を「寸法値」、●から物体までの線を「寸法補助線」といいます。寸法値は原則として、ミリメートル（mm）とし、単位記号であるmmは記しません。

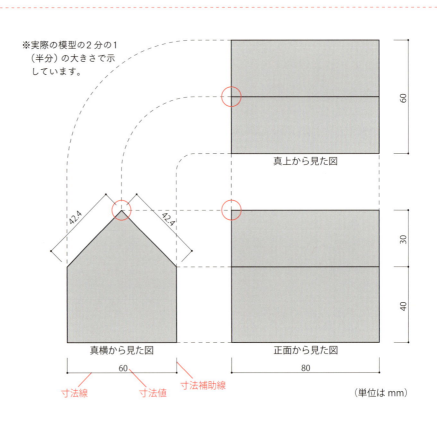

スチレンボードから切り出すパーツ

展開図を見ながら、模型用のパーツを切り出してみましょう。切り出したら、このページの①〜⑦のパーツと同じものができているか確認してください。

※実際の模型の大きさで示しています。

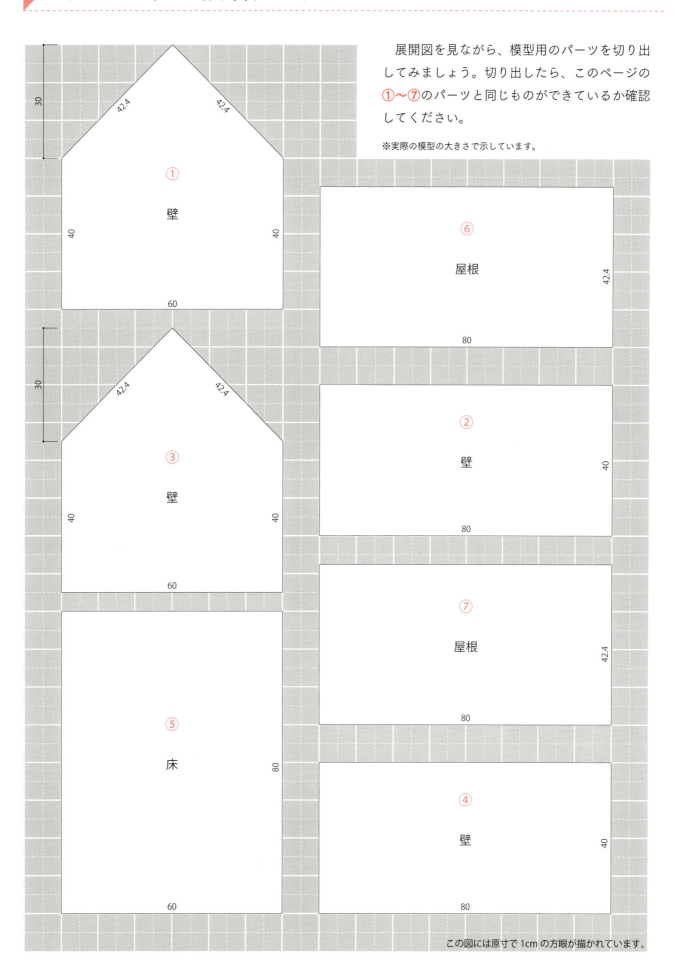

この図には原寸で1cmの方眼が描かれています。

欠き落とし

　切り出した7枚のパーツ①〜⑦は、それぞれ図の赤色の部分を欠き落としします（14ページ「欠き落としカット」参照）。

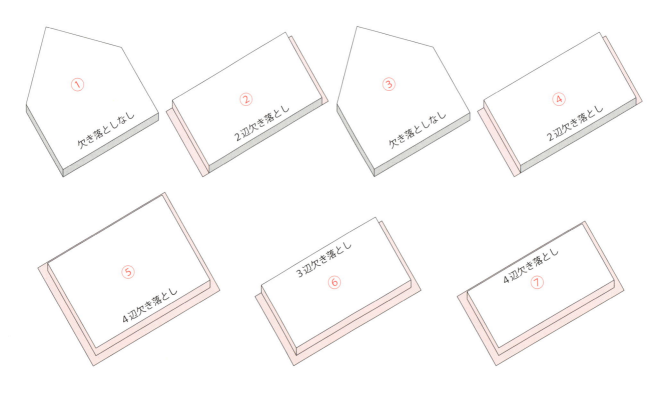

組み立て方の手順

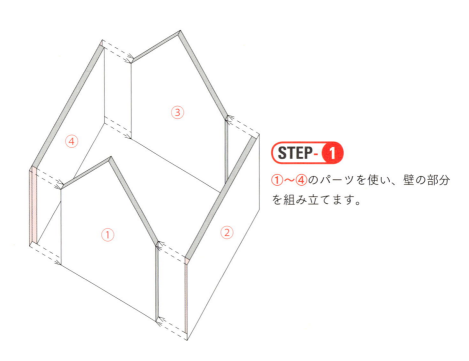

STEP-1

①〜④のパーツを使い、壁の部分を組み立てます。

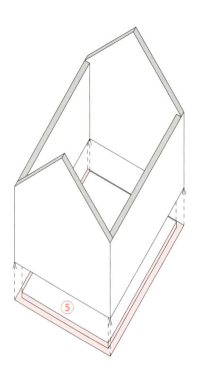

STEP-2

①〜④の壁と⑤の床を接着します。

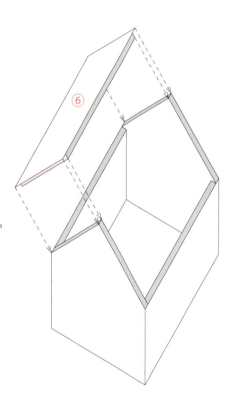

STEP-3

⑥の屋根を接着します。

STEP-4

⑦の屋根を接着して完成です。

LESSON 05 立体曲面をつくる

完成見本

曲面の表現に挑戦します。半径が60mmの半円形の曲線部分に奥行き60mmで曲面の屋根が被さります。

ここでは、曲面をキレイに見せる技術を習得します。

加えて、前回の課題と同様に曲面と半円形の壁がぶつかる部分もキレイな仕上がりにしたいところです。

半円形の曲線部分を、どれだけ丁寧にカットできるかがキレイな仕上がりのポイントになります。

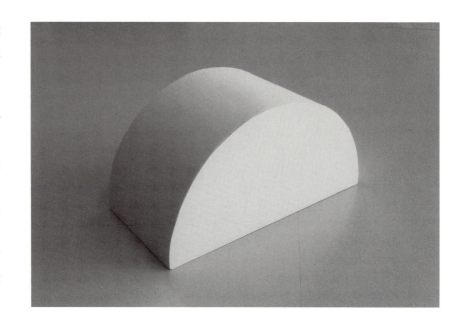

展開図

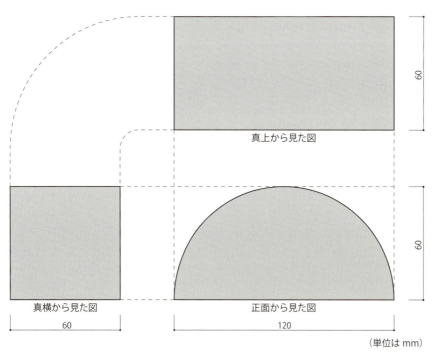

（単位はmm）

※実際の模型の2分の1（半分）の大きさで示しています。

スチレンボードから切り出すパーツ（その1）

※実際の模型の大きさで示しています。

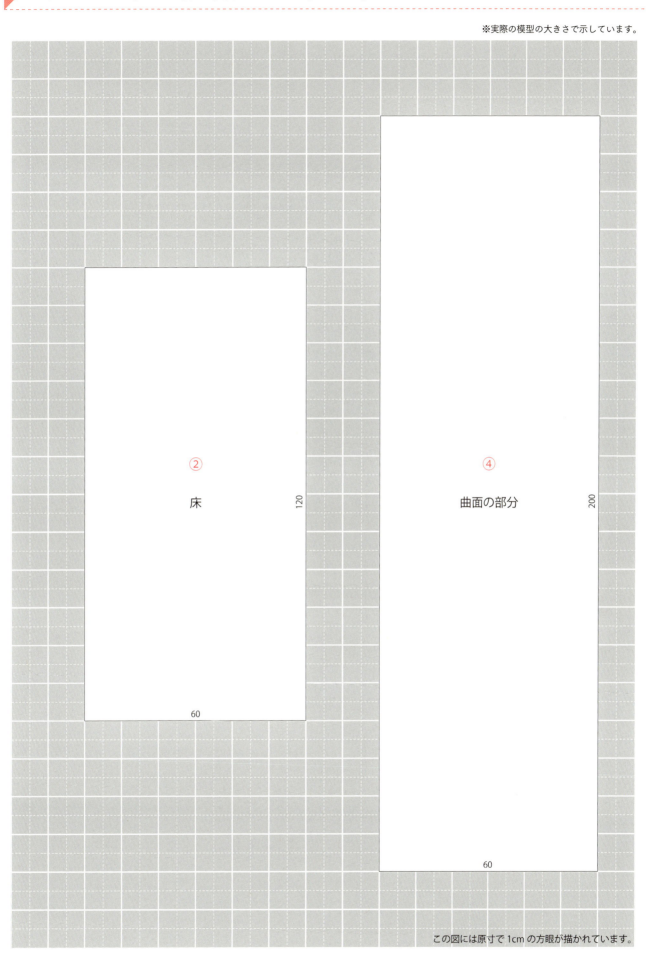

② 床 120 / 60

④ 曲面の部分 200 / 60

この図には原寸で1cmの方眼が描かれています。

スチレンボードから切り出すパーツ（その2）

※実際の模型の大きさで示しています。

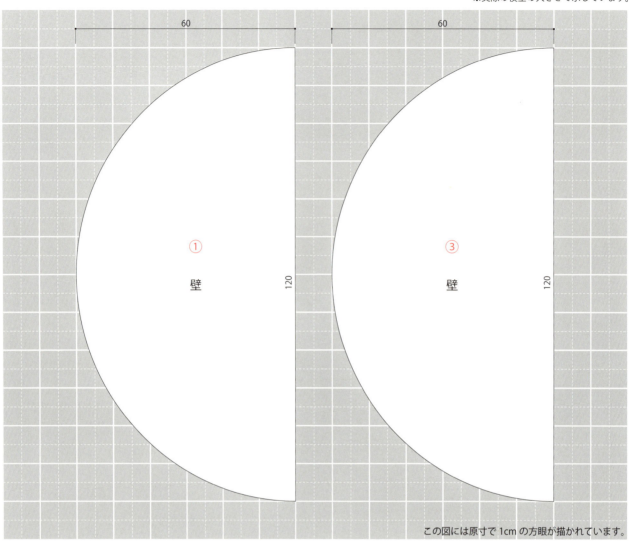

この図には原寸で1cmの方眼が描かれています。

曲線部分のキレイなカットの仕方

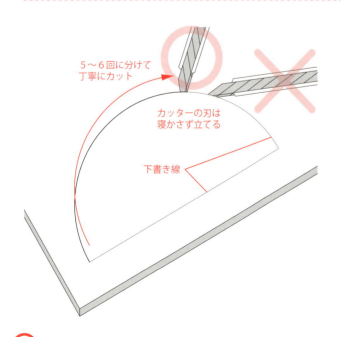

　図のように、カッターの刃を立てて、1回でカットしようとせずに、5〜6回に分けて、ゆっくり丁寧にカットしてください。
　特に、1回目のカットは、紙の部分だけをカットするくらいでいいでしょう。
　カッターの刃を寝かせてしまうとカッターの刃が長く直線状にスチレンボードに接してしまい、曲線をカットすることが難しくなります。
　また、1回でカットしようとすると、どうしてもカットした面が汚くなってしまったり、曲線がいびつになってしまいがちです。

欠き落とし

切り出した4枚のパーツ①〜④は、それぞれ図の赤色の部分を欠き落としします（14ページ「欠き落としカット」参照）。

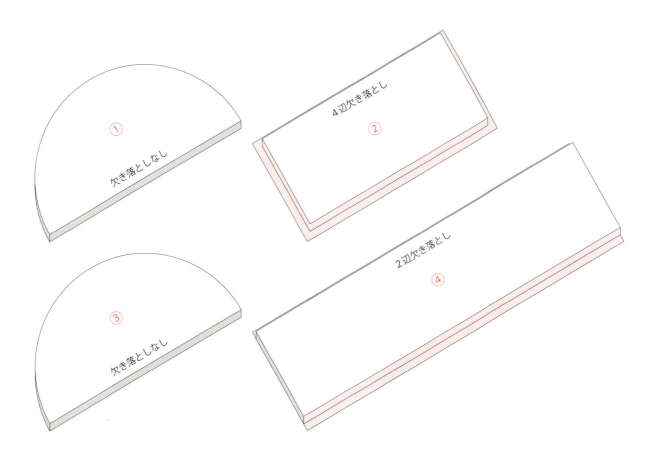

曲面をつくるために下ごしらえ

切り出したパーツ④は、図のように曲面の内側になる部分の紙をはがし、切り込みを入れていきます。

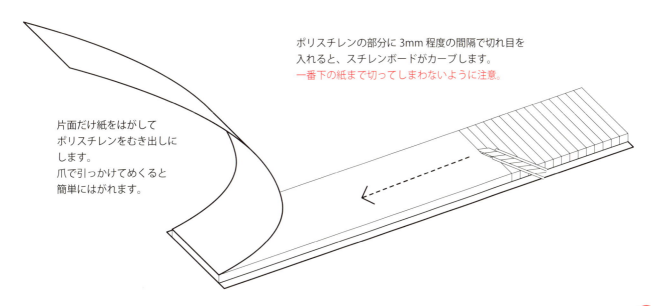

組み立て方の手順

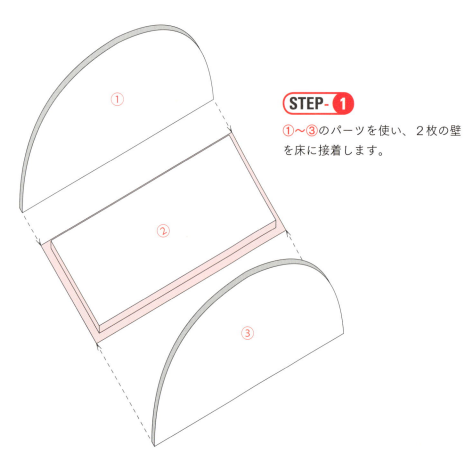

STEP-1

①〜③のパーツを使い、2枚の壁を床に接着します。

STEP-2

④のパーツを使い、切り込みを入れた面を内側に向けます。壁の曲線部分に巻き付けるようにして、試しに覆い被せてみます。
このとき、まだスチのりで接着しないことに注意してください。

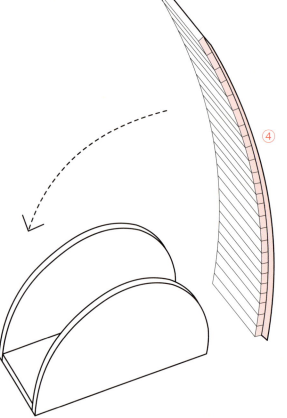

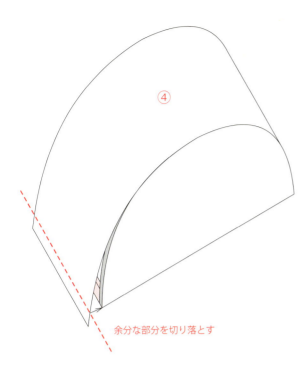

余分な部分を切り落とす

STEP-3

④のパーツは、曲線部分の長さよりも少し長めにつくってあるので、覆い被せてみたときにはみ出してしまう余分な部分を切り落とします。

キレイに覆い被さることを確認してから、半円形の壁と④のパーツを、スチのりを用いて接着します。

STEP-4

曲面部分は、スチのりが乾くまでにどんどんはがれてきてしまいます。図のように、適宜ドラフティングテープを用いて仮留めしておきましょう。

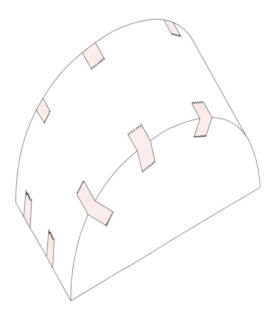

LESSON 06 切妻屋根の住宅模型

完成見本

　ここまでの課題を通して、建築模型をつくるときの基本がひと通り習得できたと思います。今回の課題は、いわば「復習課題」であり、これまでに習得した技術だけで取り組むことができます。

　展開図に示されている寸法をしっかり確認した上で、模型づくりに挑戦してみてください。

> **チャレンジ** 自信のある方は「切り出すパーツ」「欠き落とし」(32〜34ページ)を見ないで、写真や図面から必要なパーツを自分で考えて切り出してみましょう！

屋根を外した場合の見え方

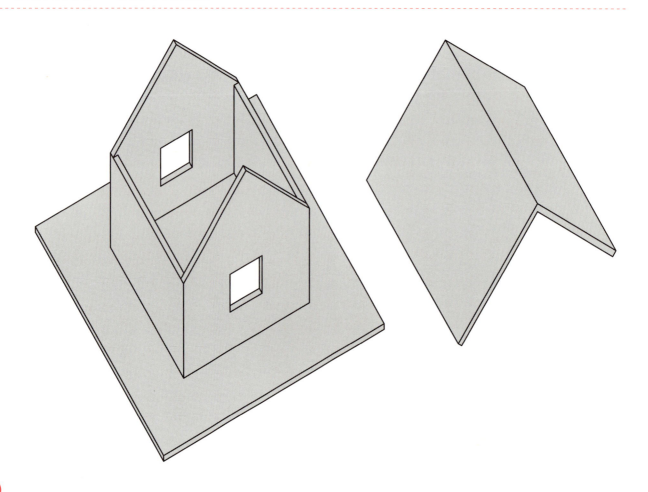

展開図

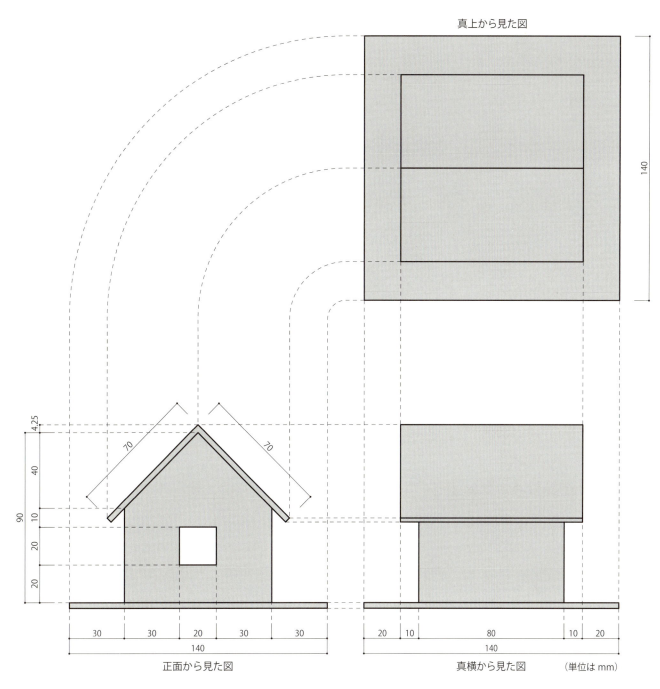

正面から見た図　　　真横から見た図　　（単位はmm）

※実際の模型の2分の1（半分）の大きさで示しています。

LESSON 06　切妻屋根の住宅模型

スチレンボードから切り出すパーツ（その1）

※実際の模型の大きさで示しています。

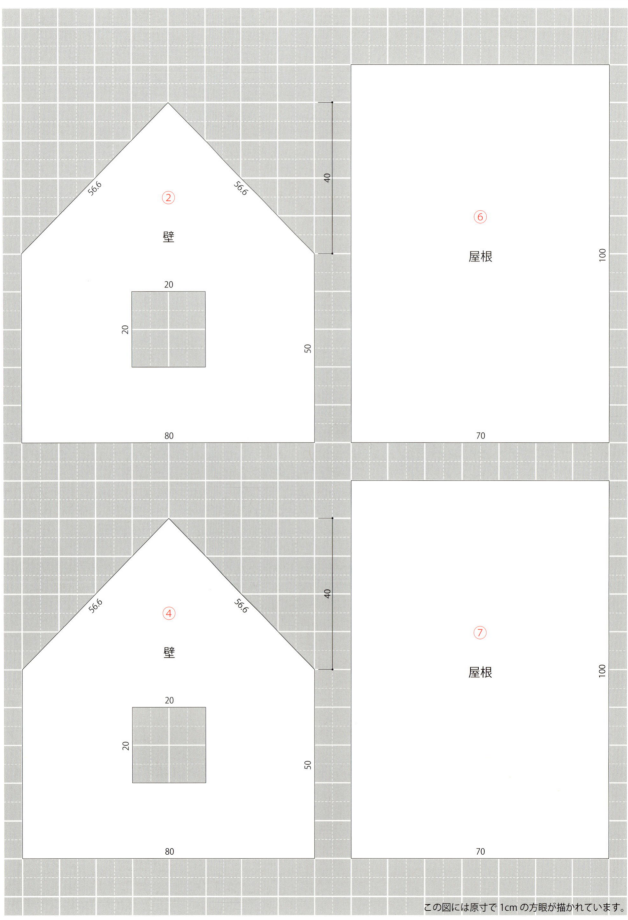

この図には原寸で1cmの方眼が描かれています。

スチレンボードから切り出すパーツ（その２）

※実際の模型の大きさで示しています。

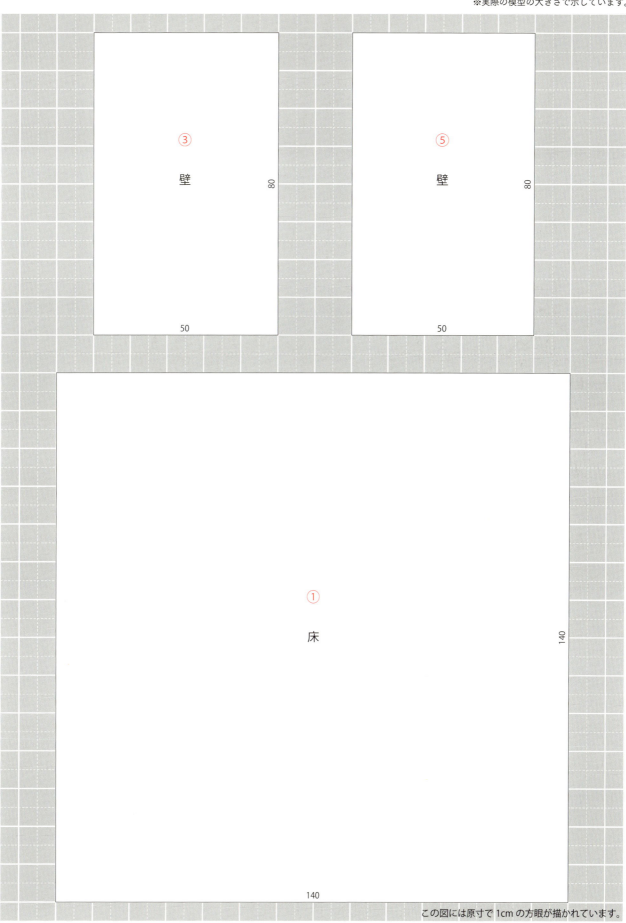

③ 壁 80 × 50

⑤ 壁 80 × 50

① 床 140 × 140

この図には原寸で1cmの方眼が描かれています。

欠き落とし

切り出した7枚のパーツ①〜⑦は、それぞれ図の赤色の部分を欠き落としします（14ページ「欠き落としカット」参照）。

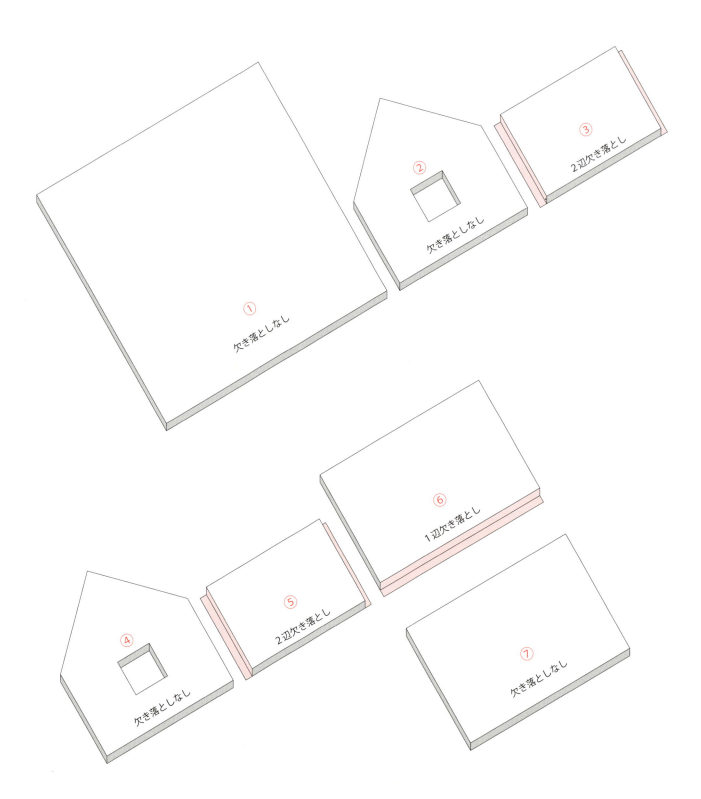

組み立て方の手順

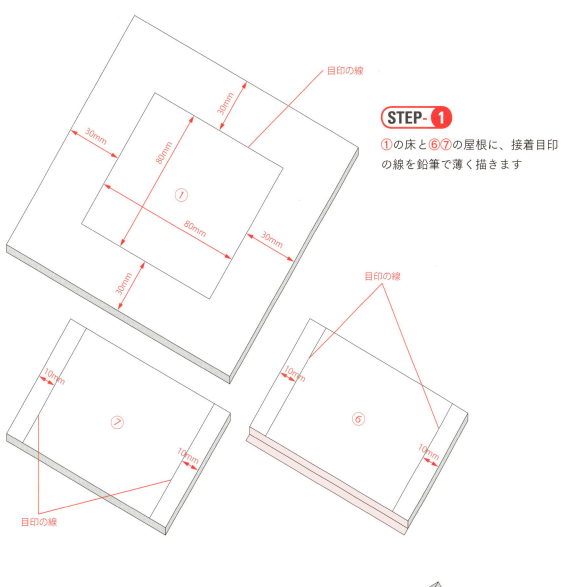

STEP-1

①の床と⑥⑦の屋根に、接着目印の線を鉛筆で薄く描きます

STEP-2

②〜⑤のパーツを使い、壁の部分を組み立てます。

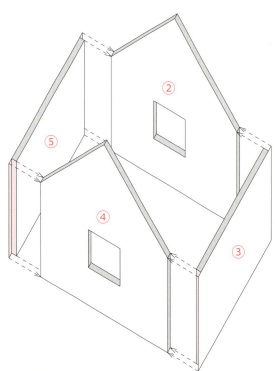

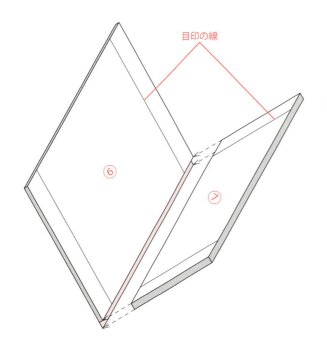

STEP-3

❻と❼のパーツを接着して屋根をつくります。

目印の線が描かれている側を、屋根の裏側とします（図は屋根を裏返した状態です）。

STEP-4

組み立てた壁を上下逆さまにして、屋根の裏側の目印の線に沿わせるように接着します。

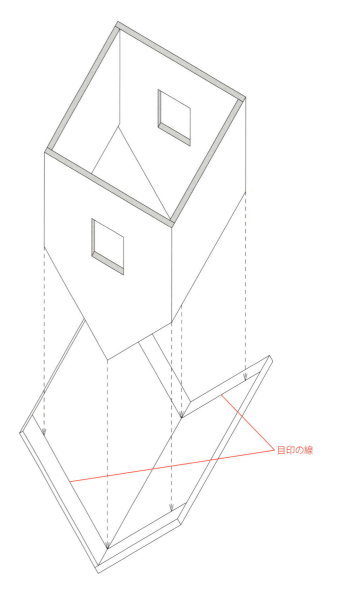

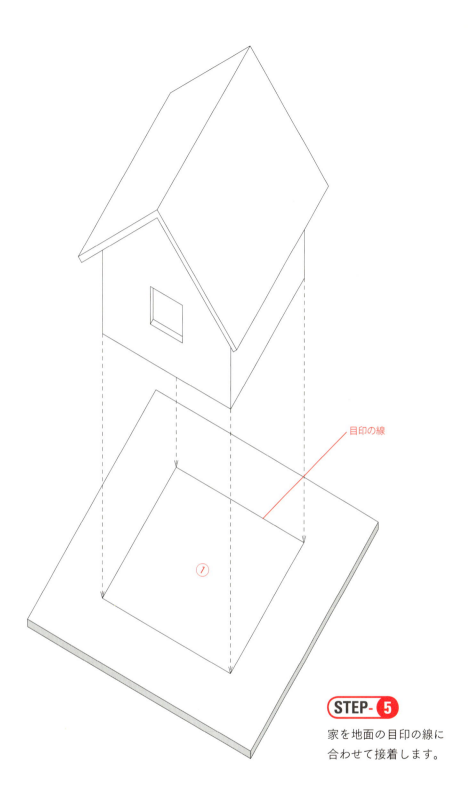

目印の線

STEP-5

家を地面の目印の線に合わせて接着します。

LESSON 07 建築図面の読み方

このLESSONでのねらい

これまで（LESSON 03～06）の課題では、皆さんがつくる模型の寸法が、そのまま図面に記されていました。

しかし、建築図面から模型をつくるときには、模型の寸法は示されていません。示されているのは、実際に建物を建てるときの寸法です。

ここでは、LESSON 06でつくった「切妻屋根の住宅模型」を用いながら、建築図面の読み方と、そこから模型をつくるときの方法について理解していきます。

LESSON 06で作製した模型（1／50）から「縮尺」を考える

LESSON06でつくった模型（右写真）は、実際に建つ建物の1／50（50分の1）の大きさまで縮尺して（縮めて）つくったものでした。

例えば、地面から窓までの高さは、模型では2cm＝20mmで表現されています。しかし実際にこの建物が建つときには、地面から窓までの高さは1m＝1,000mmとして計画されています。

実際の地面から窓までの高さ1,000mmを50分の1にすると、
1,000（実際）× 1／50 ＝ 20mm（模型）
となります。逆に言えば、この模型を50倍したものが、実際の建物になるわけです。

このように、実際の建物の50分の1で作製した模型や図面は「縮尺50分の1」といい、「1：50」または「1／50」と表記されます。

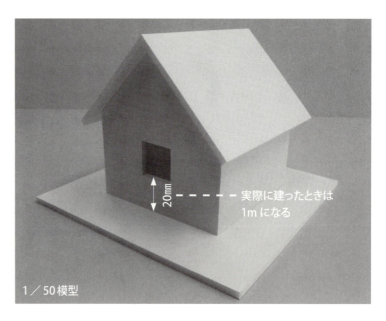

mmからmへの計算

1,500mmと言われてすぐに何mか分からない場合は、3桁目と4桁目のカンマ「,」に着目するとすぐ分かります。カンマを小数点に変えれば、それがメートルになります。

建築図面と縮尺

　図1は、LESSON 06の模型を建築図面で表現したものです。31ページの「正面から見た図」と同じように見えますが、**示されているのは実際に建物を建てるときの寸法です。**

　そして、この図1は模型と同様、実際に建つ建物の1／50（50分の1）の大きさまで縮尺して（縮めて）描いたものです。このことを示すために、図面の下には「南立面図 1：50」と記してあります。

　1／50の模型が、実際に1,000㎜ある地面から窓までの高さを20㎜の高さで表現していることと同様に、1／50の図面では、実際に1,000㎜ある地面から窓までの高さは、20㎜の長さで表現しています。

　赤字で**1,000**と記されている部分の●から●までに定規をあてれば、**20**㎜あることが確認できるはずです。

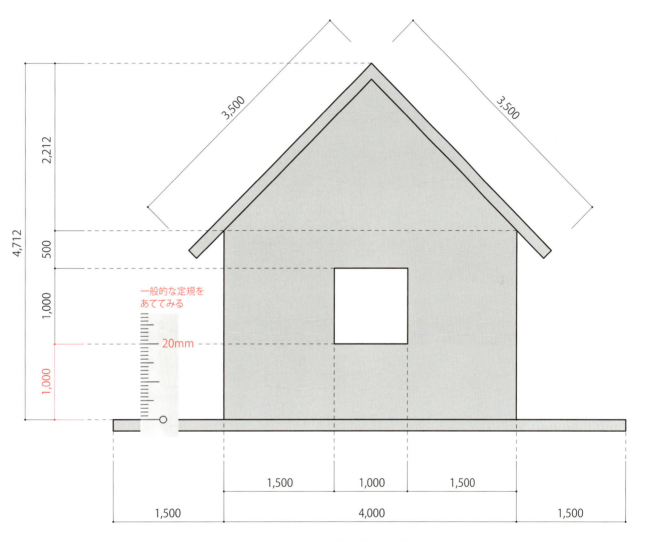

南立面図　1：50

図1 建築図面

三角スケールの使い方

建築図面に寸法が記されていない場合はどうしたらよいでしょうか？

そんなときに、「三角スケール（10ページ参照）」を使います。右の図のように、100分の1の縮尺で描かれた図面の屋根部分の長さを知りたいときは、三角スケールの「1：100」のスケールをあててみてください。目盛りは3.5mを示していますので、すぐに3,500㎜という数値が出るはずです。

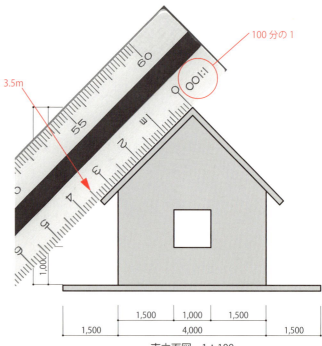

今度は、模型で確かめてみましょう。

LESSON 06の模型は50分の1の縮尺でつくられていますから、三角スケールの「1：50」のスケールをあててみてください。こちらも、3,500㎜という数値がすぐ出ると思います。

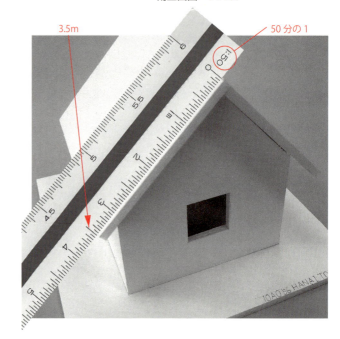

例えば、1辺が3,500㎜の正方形を、50分の1の縮尺でスチレンボードから切り出す必要があったとします。

そのような場合、三角スケールを用いて、右の図のようにスチレンボードに下書きをしてカットすれば、わざわざ50分の1の寸法を計算しなくてもすみます。

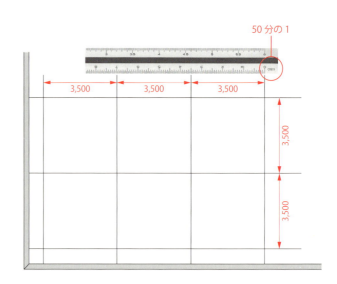

平面図の考え方

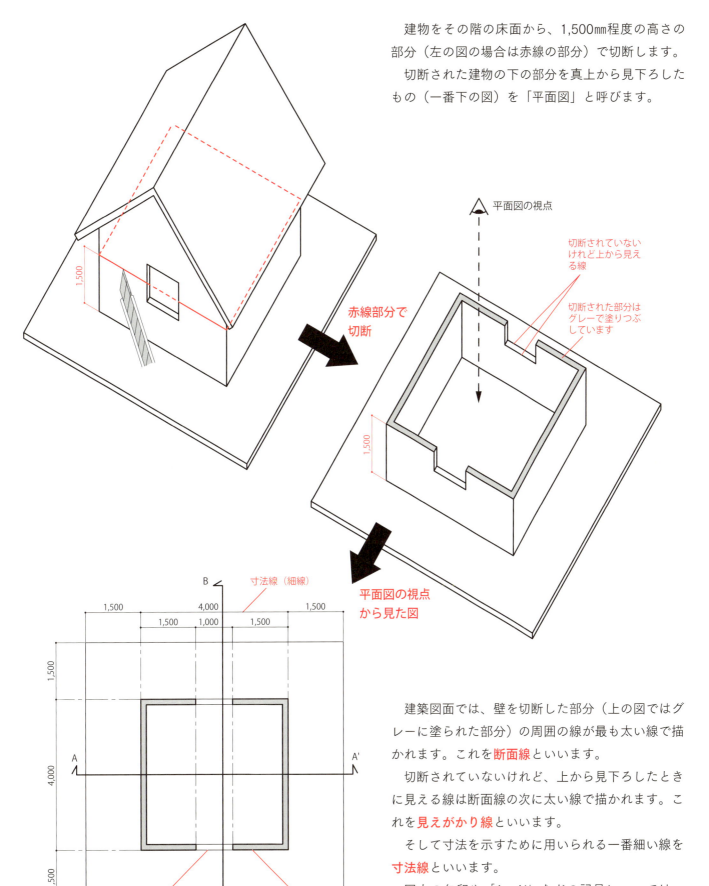

建物をその階の床面から、1,500㎜程度の高さの部分（左の図の場合は赤線の部分）で切断します。

切断された建物の下の部分を真上から見下ろしたもの（一番下の図）を「平面図」と呼びます。

建築図面では、壁を切断した部分（上の図ではグレーに塗られた部分）の周囲の線が最も太い線で描かれます。これを**断面線**といいます。

切断されていないけれど、上から見下ろしたときに見える線は断面線の次に太い線で描かれます。これを**見えがかり線**といいます。

そして寸法を示すために用いられる一番細い線を**寸法線**といいます。

図中の矢印や「A、A'」などの記号については、後ほど「断面図」のページで説明します。

立面図の考え方

建物の外観（壁面）を真横（地面と平行な視線）から見たものを「立面図」といいます。

矩形（長方形または正方形のこと）の建物であれば、4つの立面図ができます。

一般には、建物の東西南北それぞれの方向から建物を見た立面図を描きます。

ここでは、例として、東立面図と南立面図を示しています。

立面図の場合には壁を切断していないので、「見えがかり線」と「寸法線」だけで描かれています。

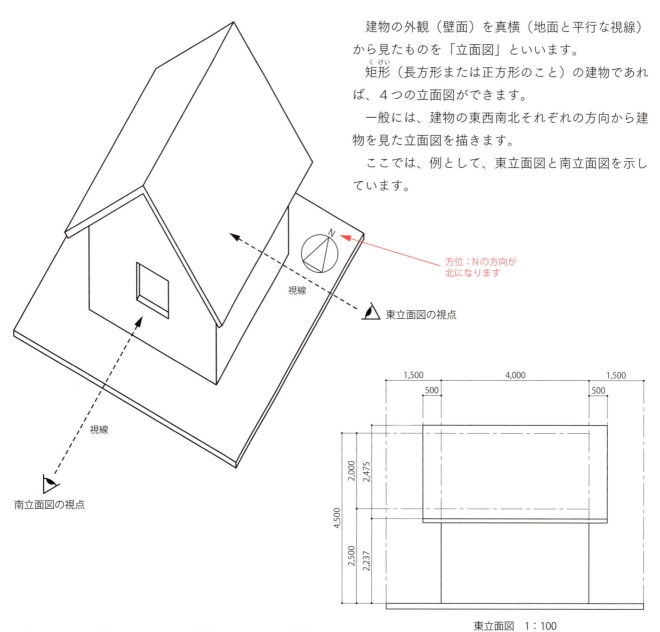

方位：Nの方向が北になります

東立面図　1：100

南立面図　1：100

断面図の考え方

建物を地面と垂直に任意の場所で切断し、その切断面を正面から見たもの（左下の図）を「断面図」といいます。断面図には、「A-A'断面図」と書かれています。これは、この断面図が、平面図（右下の図）の「A」から「A'」を結ぶ**切断線**で建物を切断し、切断線の両端にある矢印（**切断記号**）の方向に見たときの断面図であることを示しています。

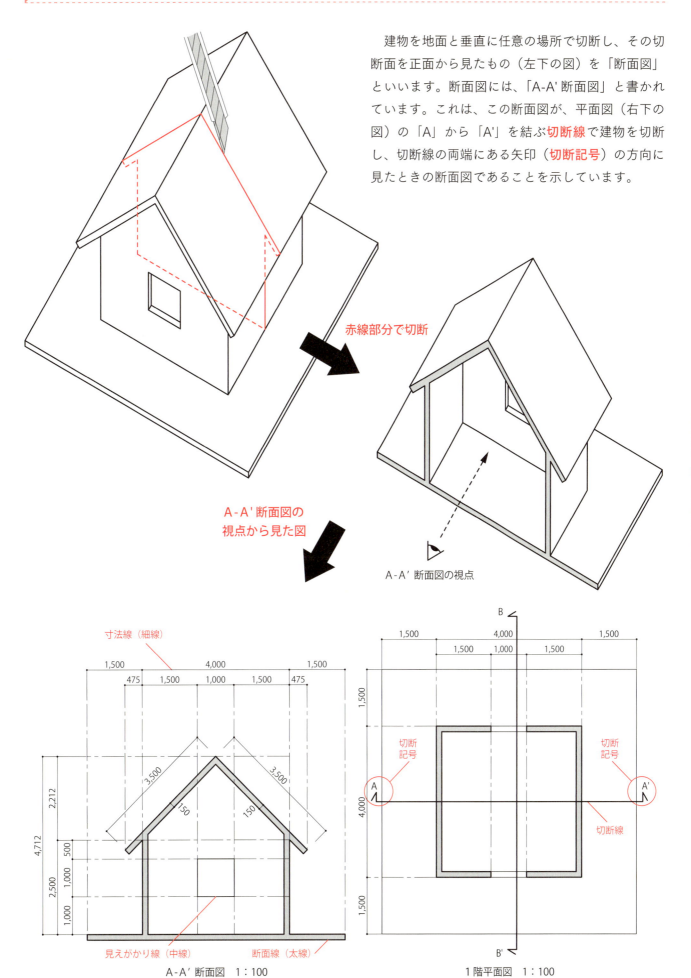

A-A' 断面図　1：100

1階平面図　1：100

断面図の考え方

断面図について理解できているか確認するために、今度は、前ページの平面図「B」から「B'」で切断した場合の断面図を考えてみます。左下の断面図となることが確認できたでしょうか。

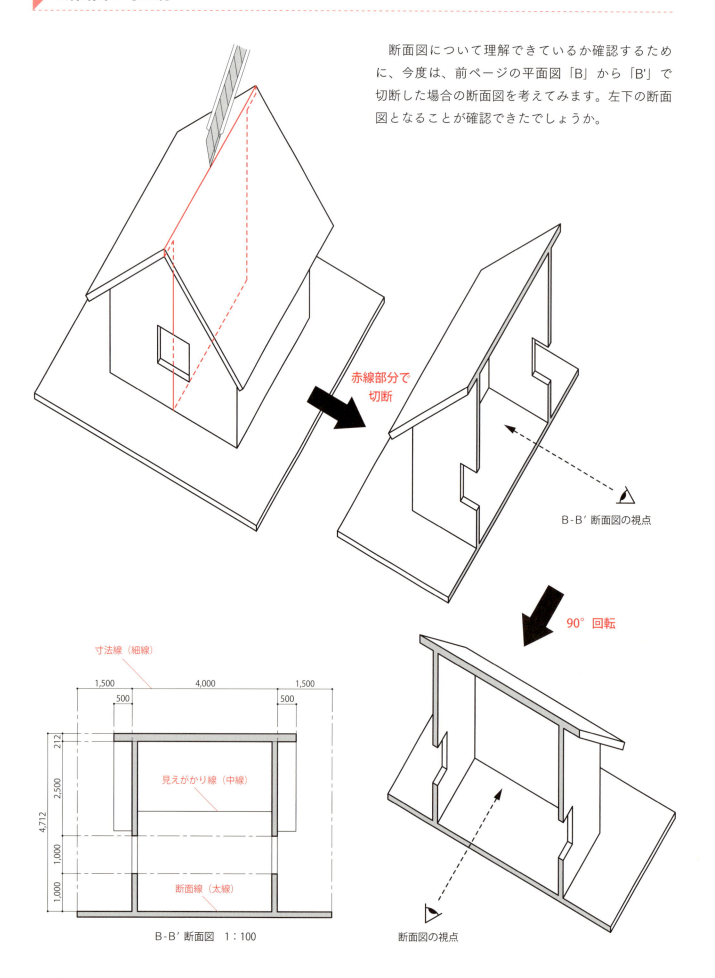

屋根伏せ図の考え方

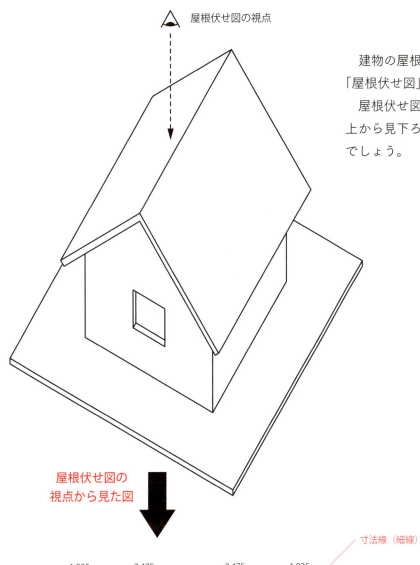

建物の屋根（屋上）を真上から見下ろしたものが「屋根伏せ図」になります。

屋根伏せ図は、立面図と同様の方法で、建物を真上から見下ろした場合の図と考えると分かりやすいでしょう。

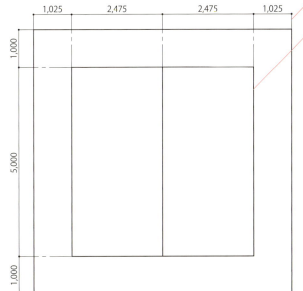

屋根伏せ図　1：100

屋根伏せ図の場合も立面図と同様、壁を切断していないので、「見えがかり線」と「寸法線」だけで描かれています。

寸法線の考え方

例えば、5m × 3m の長方形の建物が、厚さ200mmの壁でできている場合を考えてみましょう。これまでは図1のように表現してきましたが、実際の建築図面ではこのような描き方をすることは、ほとんどありません。
（ここまでは、模型のつくりやすさを考えて、このように描いています）

実際には、図2のように描かれます。図面左側の壁の厚みの中心＝壁芯（①）から右側の壁芯（②）までの距離で寸法（③）が示されていることを確認してください。

長方形の長手方向の両端の距離は5,000㎜ですが、壁厚（壁の厚さのこと）が200㎜の場合、長方形の長手方向の壁芯から壁芯までの距離は4,800㎜になります。

このように建物の寸法は、図面では壁芯から壁芯までの距離で示されます。

そして、寸法線の両端の●から壁へのびる線（①②）が実線（――――――）ではなく、一点鎖線（-――-――-――-）になっていることも重要なポイントです。これは「組立基準線」、特に平面図の場合は「通り芯」と呼ばれ、通常は主要な柱や壁の中心線となります。通り芯は、寸法線から始まって、壁がのびている方向に貫通して終了します。

ちなみに、「100」の文字が、壁の外側に書かれているのはなぜだか分かりますか？

本来は、図3の赤字が示すように、壁芯から壁の外側までの●と●の間が100㎜であることを示したいのですが、実際には、●と●の間が狭くて書ききれません。そういう場合は、図4のように片方の●の外側に書くことがあります。

次のページからは、「切妻屋根の家」の建築図面が、本来の図面表記ではどのように描かれるのかを、寸法が入った平面図、断面図、立面図で確認していきます。

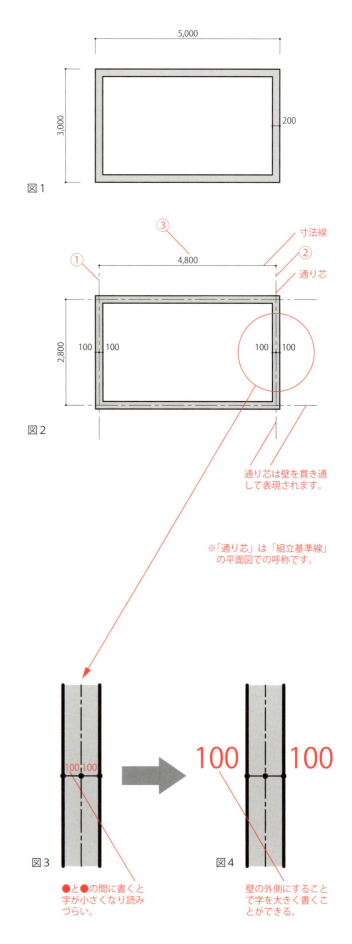

本来の図面表記

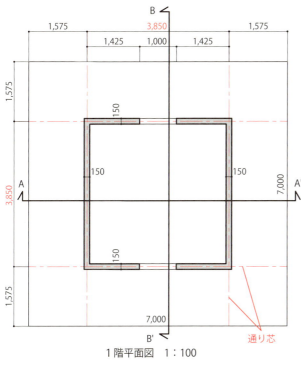

左の図は、41ページの平面図を、本来の図面表記としたものです。

赤で示される**通り芯**が、壁の外側ではなく、壁の中心部を貫いていることが分かります。また、この家の4枚の壁は、それぞれ4mの長さ（＝4,000mm）ですが、本来の図面表記では、壁芯から壁芯までの距離である3,850（mm）が記されていることを確認してください。

平面図と同様に、42ページの立面図、43ページの断面図についても、本来の図面表記を以下に示しておきます。立面図や断面図の水平方向にのびる組立基準線は、各階の床の位置や、建物の最高高さの位置に描かれます。

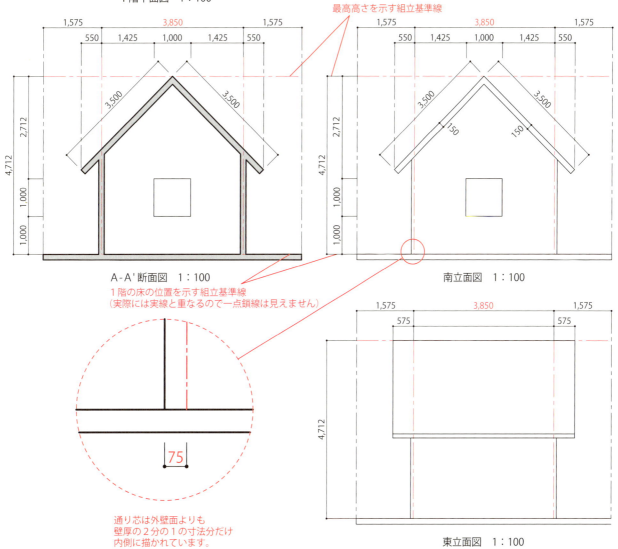

LESSON 08 L字形平面の住宅模型

完成見本の模型（1：50の縮尺で作製）

正方形の敷地に建つ、L字形に折れ曲がっている住宅の模型です。

2階建ての部分の屋根は敷地の外側に向かって斜めに流れ落ちる「片流れ屋根」です。

1階建ての部分の屋上は、バルコニーテラスとして使用するので、高さ1,000mmの「腰壁」が3面に立ち上がっています。

窓の数が多く大変ですが、ひとつひとつを丁寧に切り抜いてください。全体の見栄えが良くなるはずです。

> **チャレンジ** 自信のある方は「切り出すパーツ」「欠き落とし」（50〜55ページ）を見ないで、写真や図面から必要なパーツを自分で考えて切り出してみましょう！

平面図 1：100

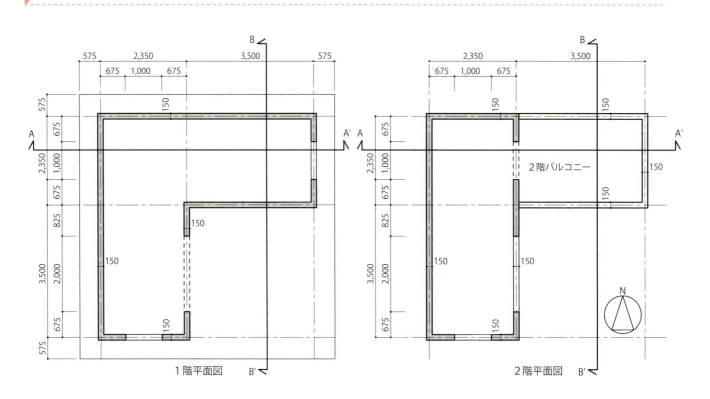

断面図 1：100

立面図 1：100

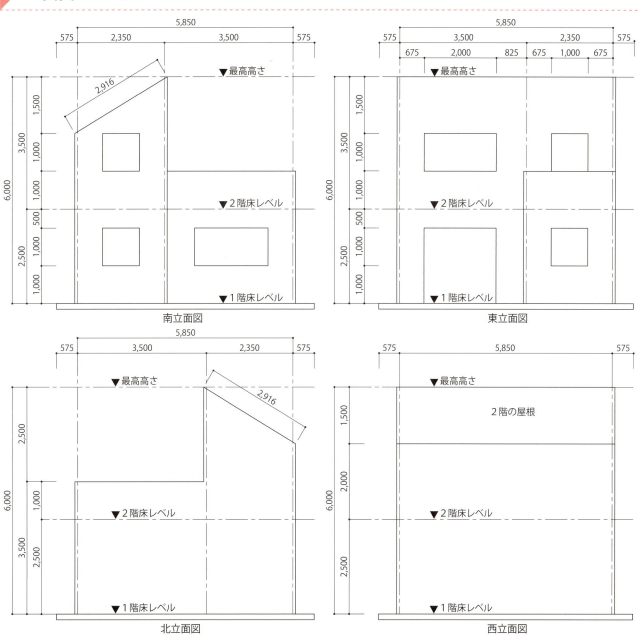

LESSON 08　L字形平面の住宅模型

スチレンボードから切り出すパーツ その1（1：50）

48、49のページの平面図、断面図、立面図を見ながら、50分の1の模型用パーツを切り出してみましょう。

切り出したら、50ページから53ページまでに示される①〜⑨のパーツと同じ大きさか確認してください。

パーツ⑥の注意1や注意2は間違えやすいところです。パーツ同士がうまくかみ合わなかったり、大きな隙間ができてしまう可能性があるので注意してください。

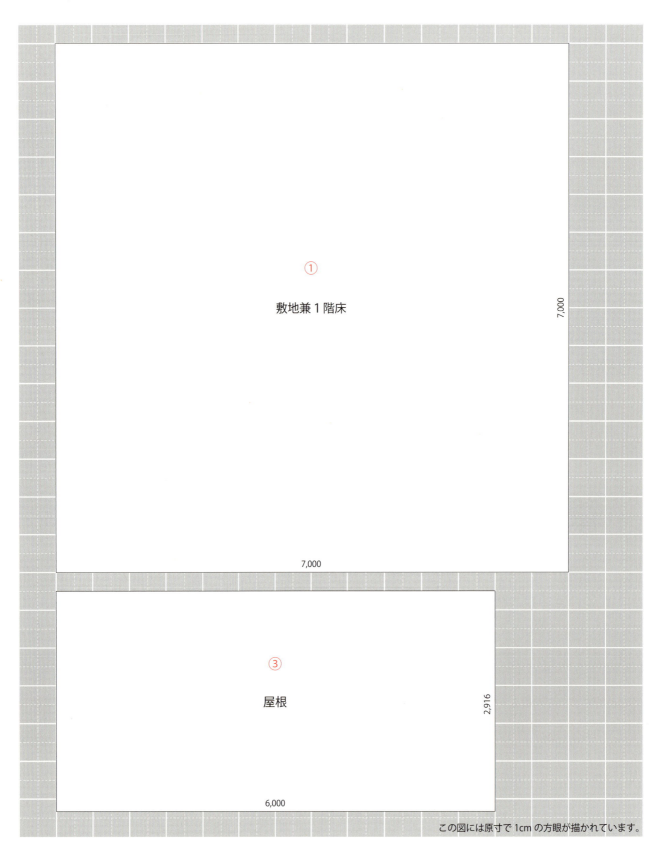

この図には原寸で1cmの方眼が描かれています。

スチレンボードから切り出すパーツ その2（1：50）

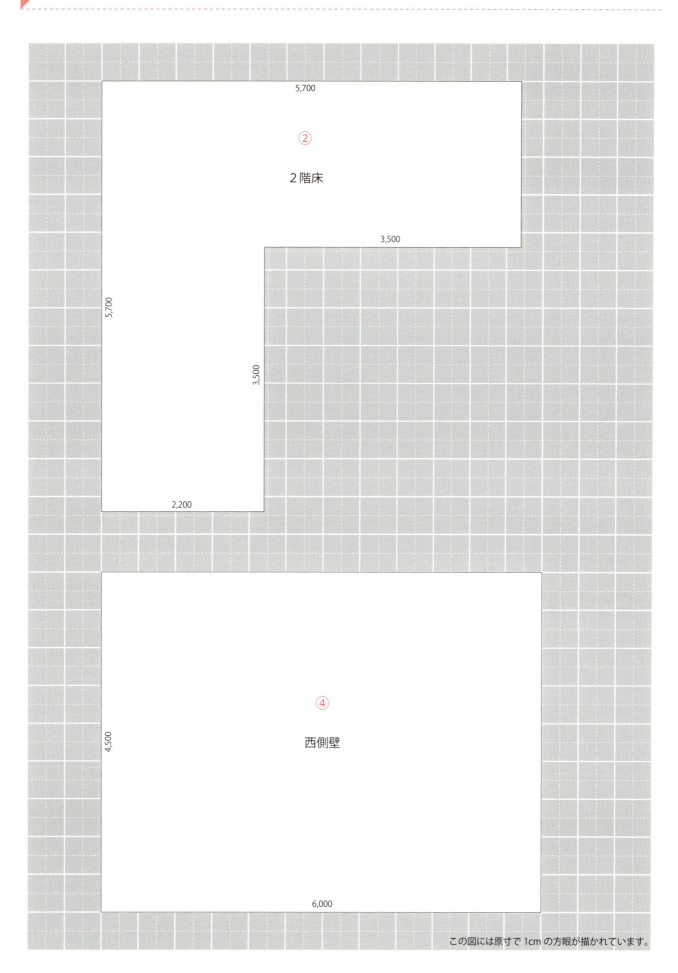

スチレンボードから切り出すパーツ その3（1：50）

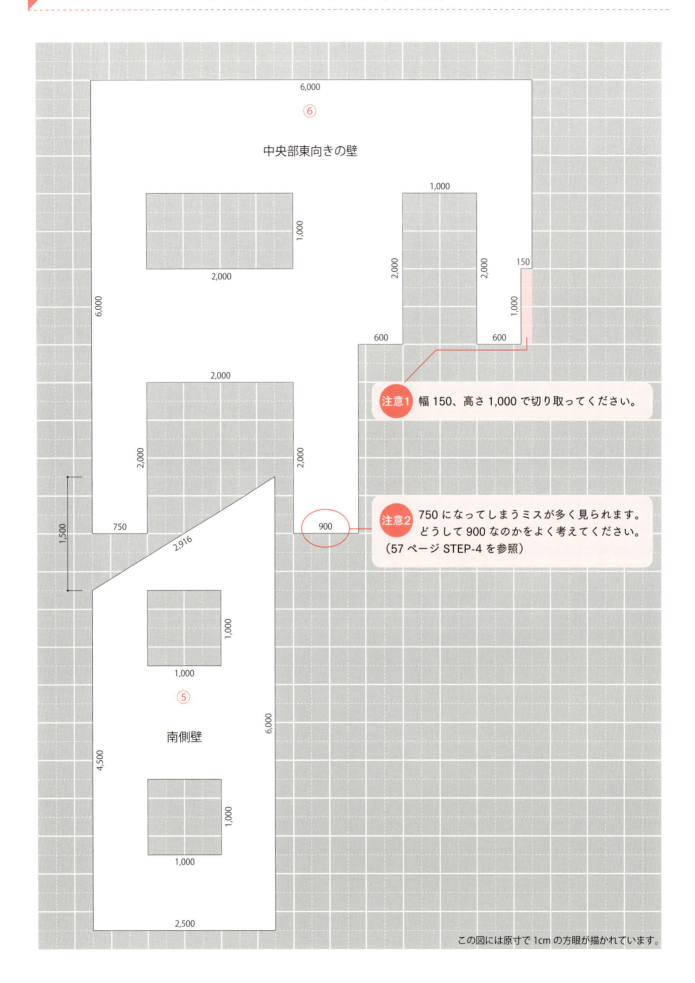

スチレンボードから切り出すパーツ その4（1：50）

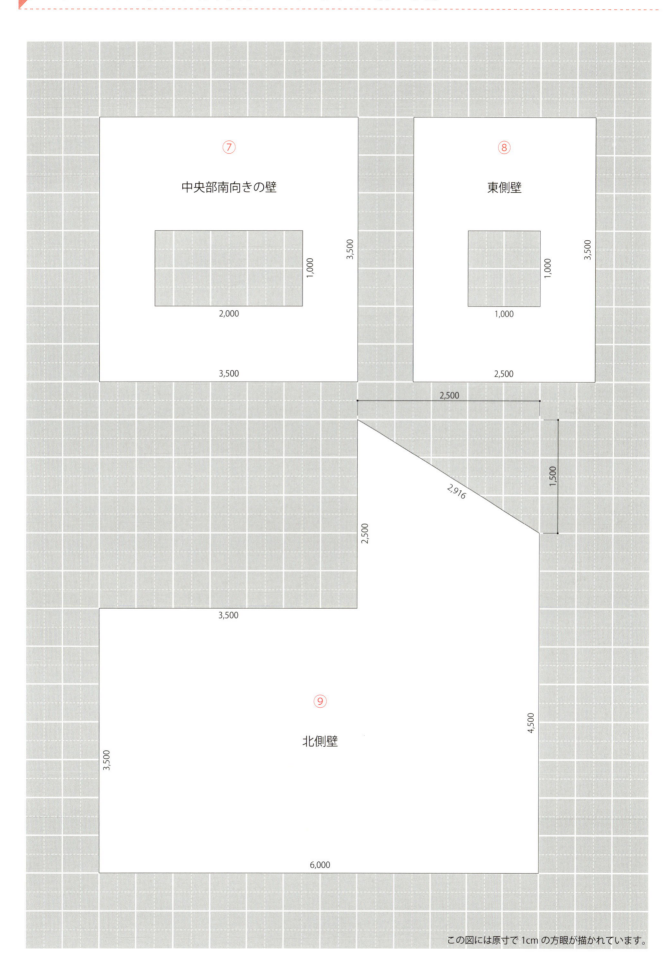

この図には原寸で1cmの方眼が描かれています。

欠き落とし

　50〜53ページで寸法を確認したパーツを組み上げるために、欠き落としの加工を行います。

　自分でパーツを組み合わせてみながら欠き落としの位置を自分で考え、鉛筆で印を付けます。

　欠き落としの位置は、何通りもありますので、「必ずこうでなければならない」ということはありません。これらの図は、欠き落としの組み合わせの一例です。

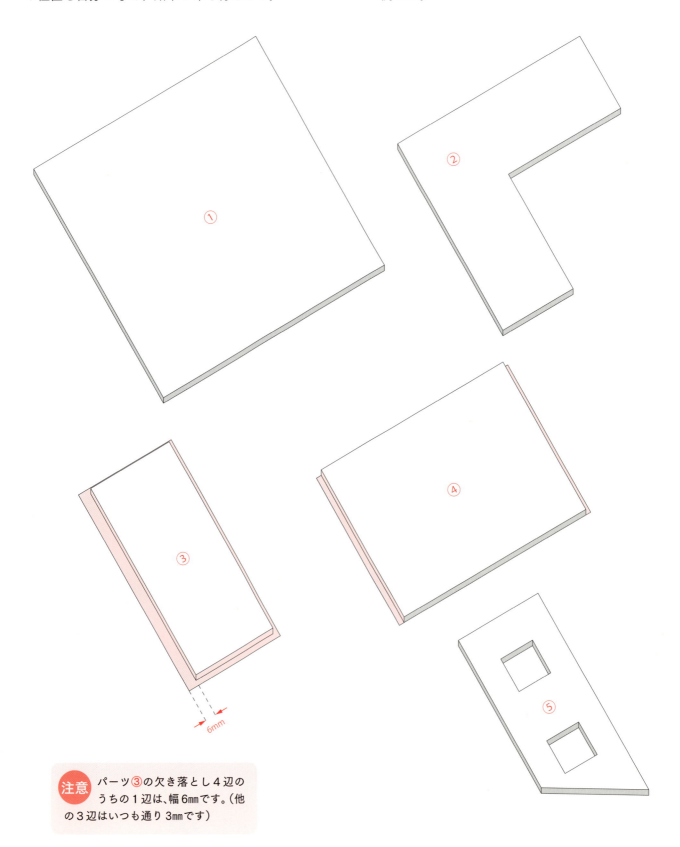

注意 パーツ③の欠き落とし4辺のうちの1辺は、幅6㎜です。（他の3辺はいつも通り3㎜です）

欠き落とし

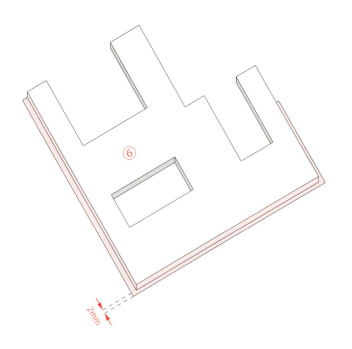

> **注意** パーツ❻の欠き落とし3辺のうちの1辺は、幅2㎜です。
> （他の2辺はいつも通り3㎜です）

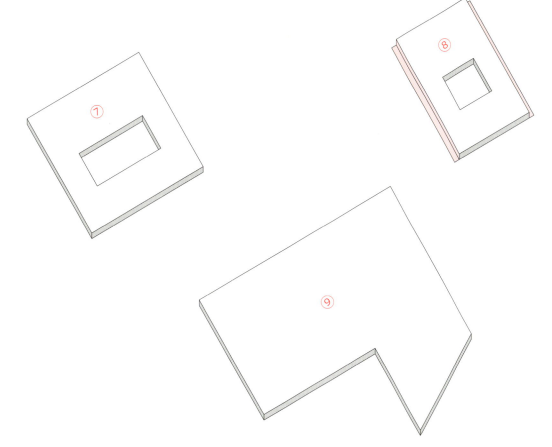

組み立て方の手順

STEP-0（確認）

今回の作業では、欠き落としの幅が6mmの部分と2mmの部分がありました。なぜなのか分かりましたか？
片流れ屋根のトンガリ部分をつくるときに、いつもの幅3mmの欠き落としでは、パーツ③（屋根）とパーツ⑥（中央部東向きの壁）がぶつかってしまい、うまくいきません。そこで、片方の幅を広く、もう片方の幅を狭くする必要があるのです。
このように、スチレンボード同士を接着する角度に応じて、欠き落としの幅を臨機応変に調節することが重要です。

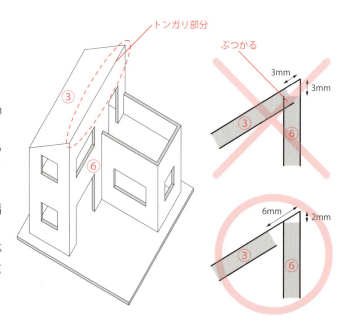

STEP-1

パーツ②（2階床）とパーツ⑥（中央部東向きの壁）を組み合わせます。

STEP-2

2階建て部分の壁をすべて貼り付けます。
パーツ⑤（南側壁）→パーツ④（西側壁）→パーツ⑨（北側壁）の手順で貼り付けるといいでしょう。

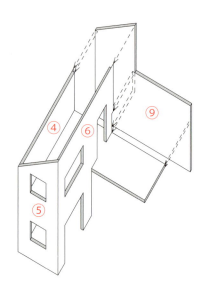

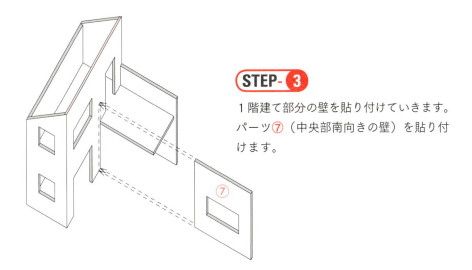

STEP-3

1階建て部分の壁を貼り付けていきます。
パーツ⑦（中央部南向きの壁）を貼り付けます。

STEP-4

ここで模型をひっくり返して、正しくつくられているか確認してみましょう。
赤線の先の部分が左の図のように、壁と壁が直角に接着されていれば正しくつくられています。
もし、右の図のように、直角に接着せずに隙間ができてしまっている場合は失敗です。
52ページの**注意2**の指摘のように、寸法が750mmになっていることが原因です。壁の長さが足りないのでスチのりで接着できず、外からも隙間が見えてしまう恐れがあります。

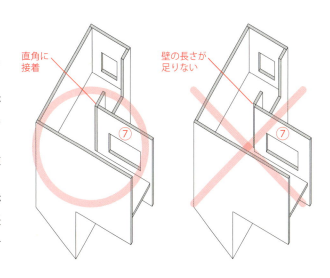

STEP-5

パーツ⑧（東側壁）を貼り付けたら、パーツ③（屋根）とパーツ①（敷地兼1階床）を接着して完成です。

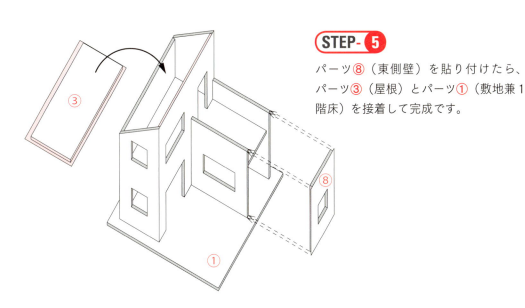

LESSON 09 コートのある住宅模型

完成見本の模型（1：50の縮尺で作製）

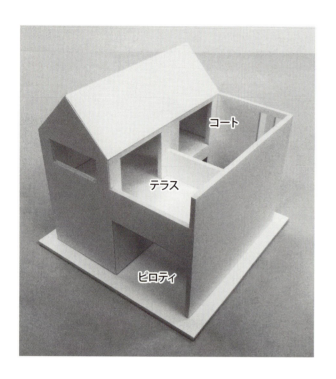

「コート」とは、壁に囲まれた庭のこと。今回の住宅はいわゆる「田の字型」の間取りですが、その北東の部分にある屋外の吹き抜け空間がコートです。

南東2階にはテラスがあり、その1階は「ピロティ」と呼ばれる屋根のある屋外部分になっています。

空間構成が複雑に感じるかもしれませんが、失敗を恐れずに、写真や図面をよく確かめて、ひとつひとつ丁寧に進めてください。

チャレンジ 自信のある方は「切り出すパーツ」「欠き落とし」（60〜65ページ）を見ないで、写真や図面から必要なパーツを自分で考えて切り出してみましょう！

平面図 1：100

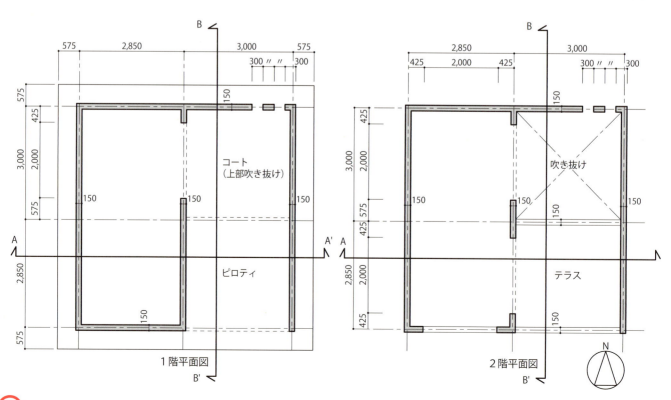

断面図 1:100

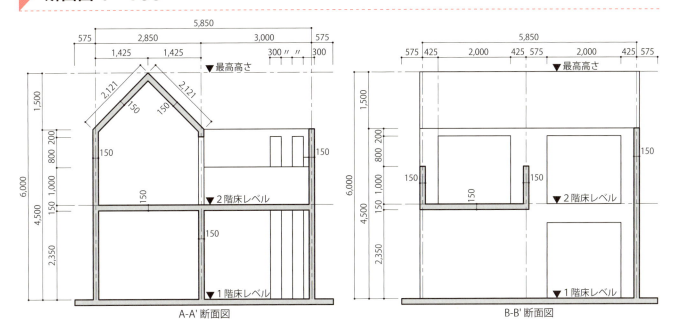

A-A' 断面図

B-B' 断面図

立面図 1:100

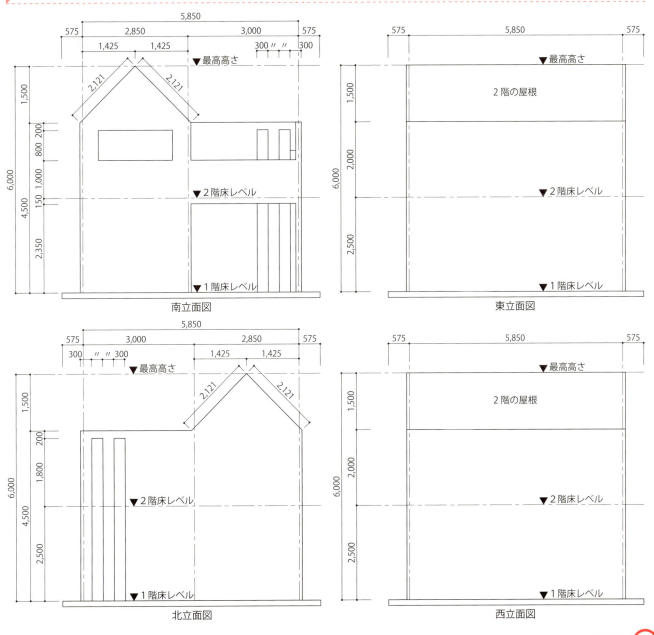

南立面図

東立面図

北立面図

西立面図

LESSON 09　コートのある住宅模型

手でつくる 模型編

スチレンボードから切り出すパーツ その1（1：50）

58、59ページの平面図、断面図、立面図を見ながら、50分の1の模型用パーツを切り出してみましょう。

切り出したら、60ページから63ページまでに示される①〜⑩のパーツと同じ大きさか確認してください。

パーツ⑨の注意1や注意2は間違えやすいところです。パーツ同士がうまくかみ合わない可能性があるので注意してください。

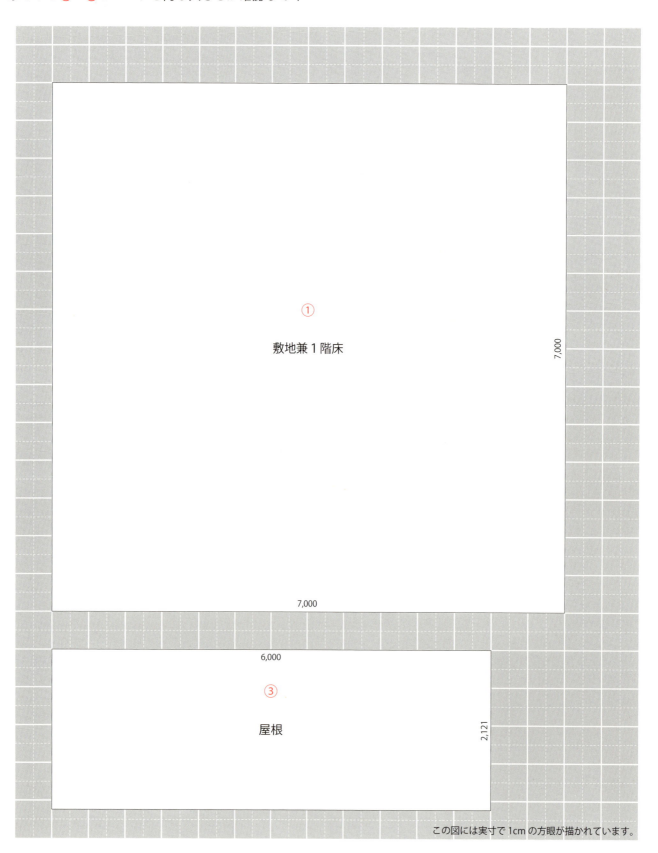

この図には実寸で1cmの方眼が描かれています。

スチレンボードから切り出すパーツ その2（1：50）

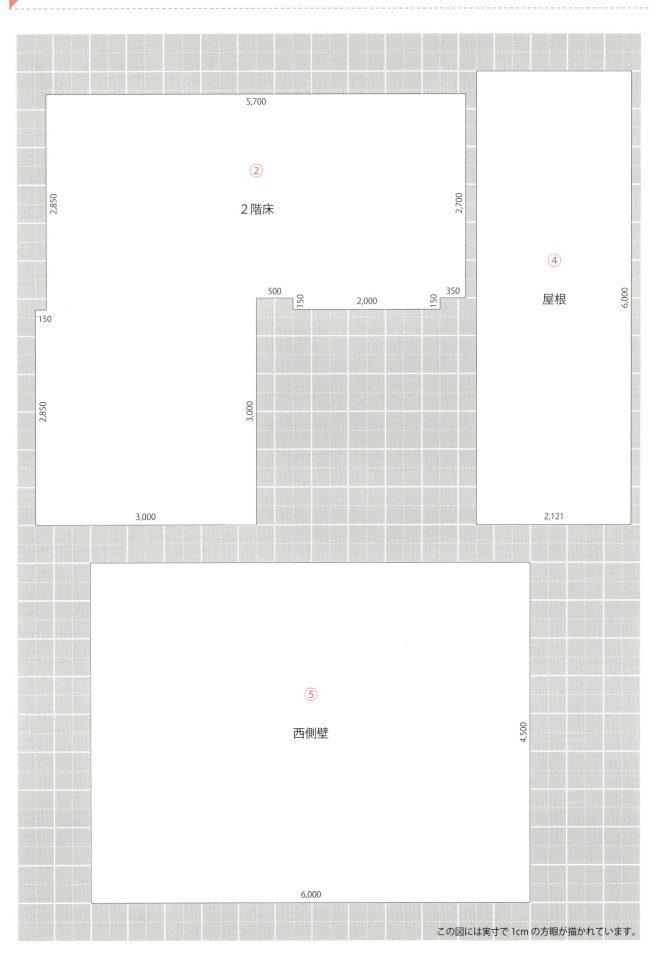

この図には実寸で1cmの方眼が描かれています。

スチレンボードから切り出すパーツ その3（1：50）

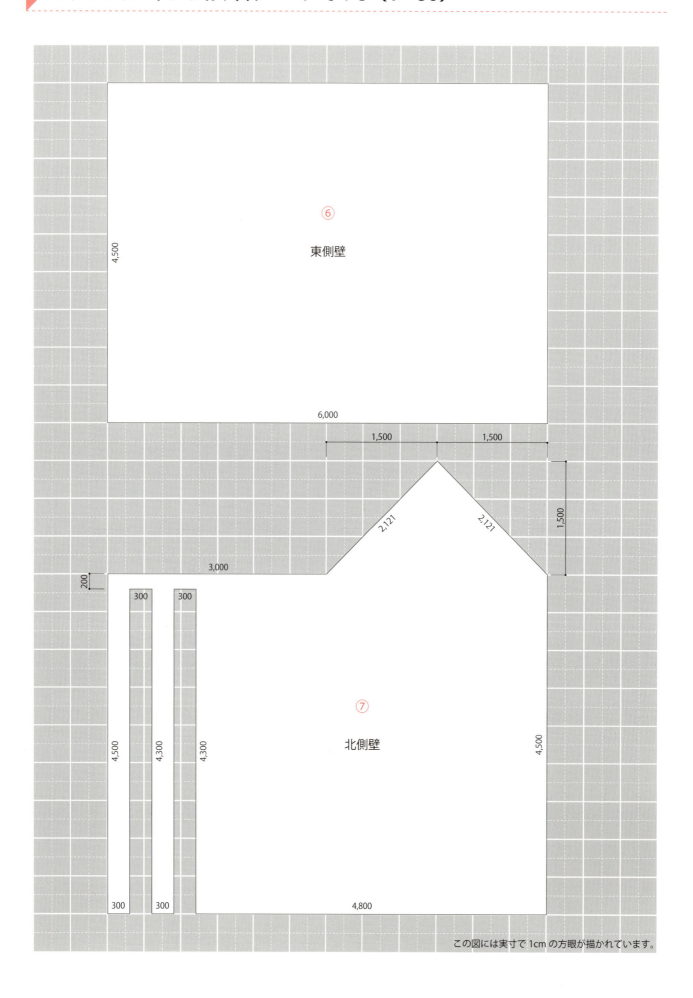

この図には実寸で1cmの方眼が描かれています。

スチレンボードから切り出すパーツ その4（1:50）

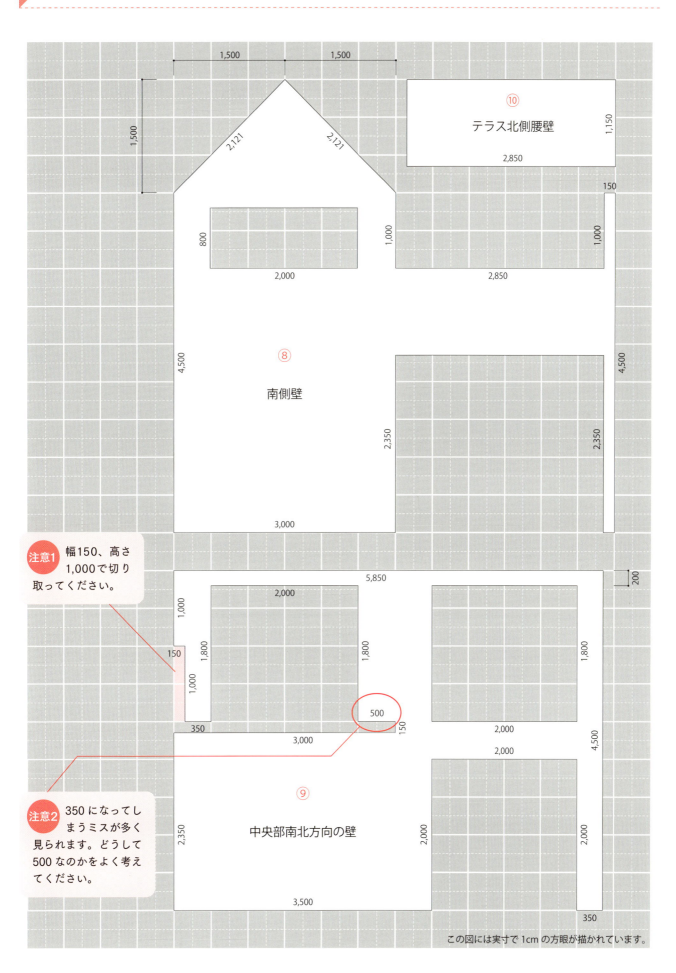

この図には実寸で1cmの方眼が描かれています。

▶ 欠き落とし

　60～63ページで寸法を確認したパーツを組み上げるために、欠き落としの加工を行います。
　自分でパーツを組み合わせてみながら欠き落としの位置を自分で考え、鉛筆で印を付けます。

　欠き落としの位置は何通りもありますので、「必ずこうでなければならない」ということはありません。これらの図は、欠き落とし組み合わせの一例です。

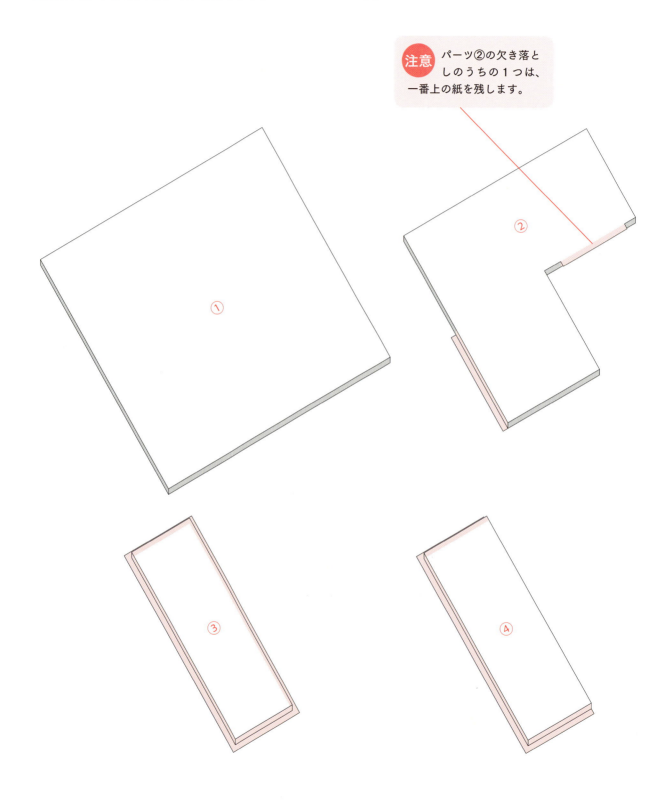

注意　パーツ②の欠き落としのうちの1つは、一番上の紙を残します。

欠き落とし

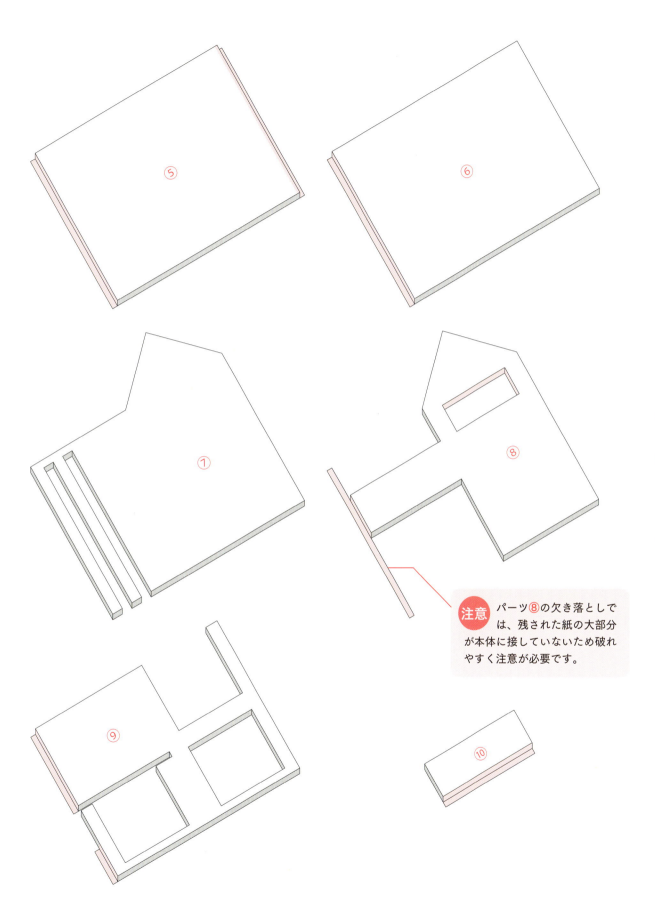

注意 パーツ⑧の欠き落としでは、残された紙の大部分が本体に接していないため破れやすく注意が必要です。

組み立て方の手順

STEP-1

パーツ③と④で三角屋根の部分をつくります（図は裏返しの状態です）。

STEP-2

パーツ②（2階床）とパーツ⑨（中央部南北方向の壁）を図のように組み合わせます。

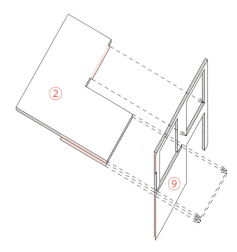

STEP-3

STEP-2 に、パーツ⑤（西側壁）、パーツ⑦（北側壁）、パーツ⑥（東側壁）を取り付けます。

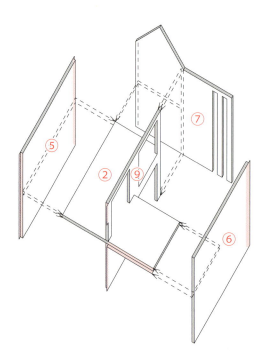

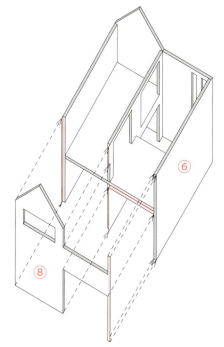

STEP-4

パーツ⑥（東側壁）との接合部分に注意しながら、STEP-3にパーツ⑧（南側壁）を取り付けます。

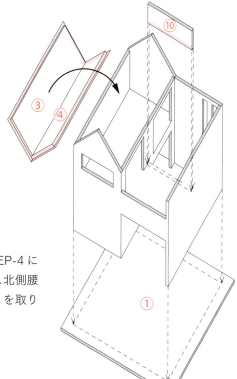

STEP-5

STEP-1で作製した屋根をSTEP-4に取り付けます。パーツ⑩（テラス北側腰壁）とパーツ①（敷地兼1階床）を取り付けたら完成です。

LESSON 10 丸屋根のある住宅模型

完成見本の模型（1：50の縮尺で作製）

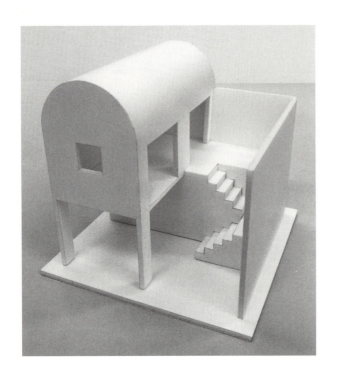

　丸い屋根と階段にチャレンジです。ちなみに、このような半円筒形の屋根を建築の世界では「ヴォールト屋根」といいます。

　丸い屋根のつくり方は工夫が必要ですので、説明をよく読んでから挑戦してください。

　階段部分は、特別な技術は必要ありません。細かく面倒な作業ですが、ひとつひとつ丁寧に進めてください。

チャレンジ　自信のある方は「切り出すパーツ」「欠き落とし」（71〜79ページ）を見ないで、写真や図面から必要なパーツを自分で考えて切り出してみましょう！

平面図 1：100

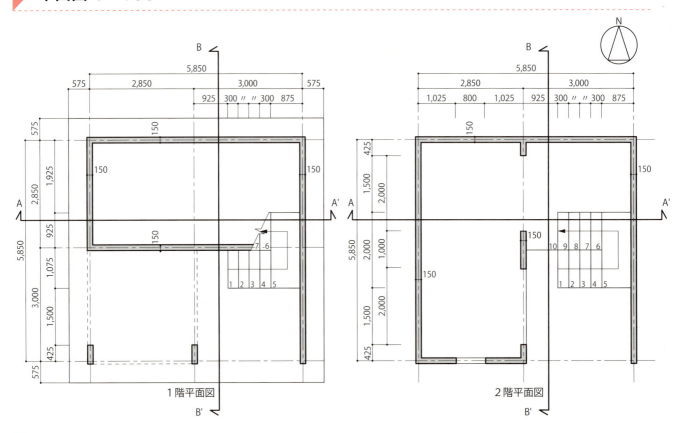

中庭に面する窓の位置

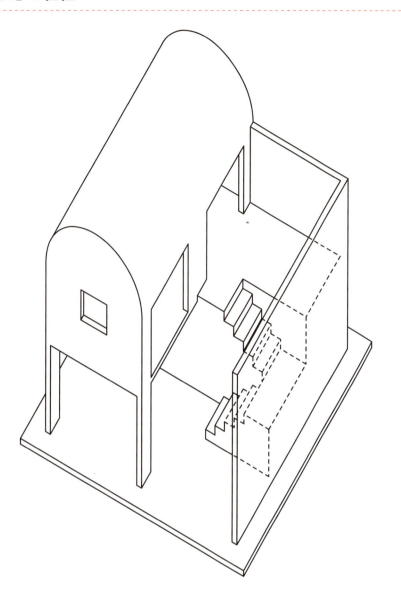

断面図 1：100

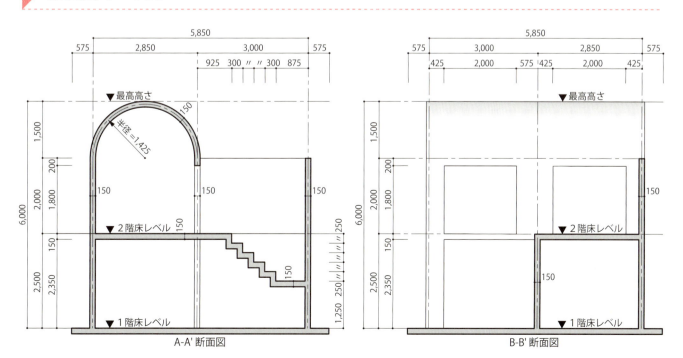

立面図 1：100

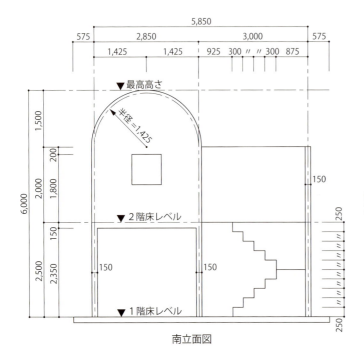

南立面図

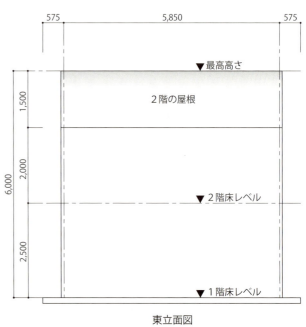

東立面図

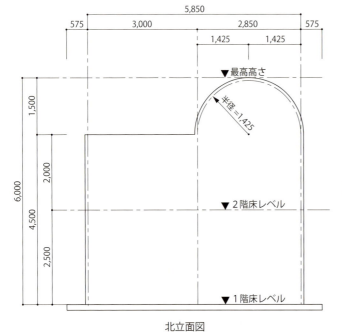

北立面図

西立面図

スチレンボードから切り出すパーツ その1（1：50）

68〜70ページの平面図、断面図、立面図を見ながら、50分の1模型用のパーツを切り出してみましょう。

切り出したら、71ページから77ページまでに示される①〜⑪のパーツと同じ大きさか確認してください。

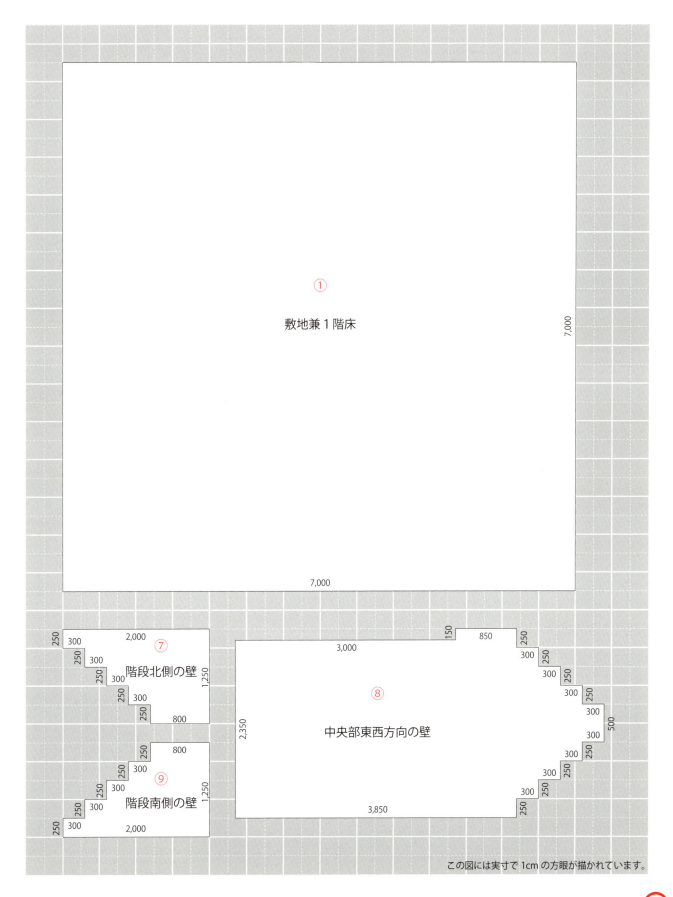

この図には実寸で1cmの方眼が描かれています。

LESSON 10　丸屋根のある住宅模型

手でつくる 模型編

スチレンボードから切り出すパーツ その2（1:50）

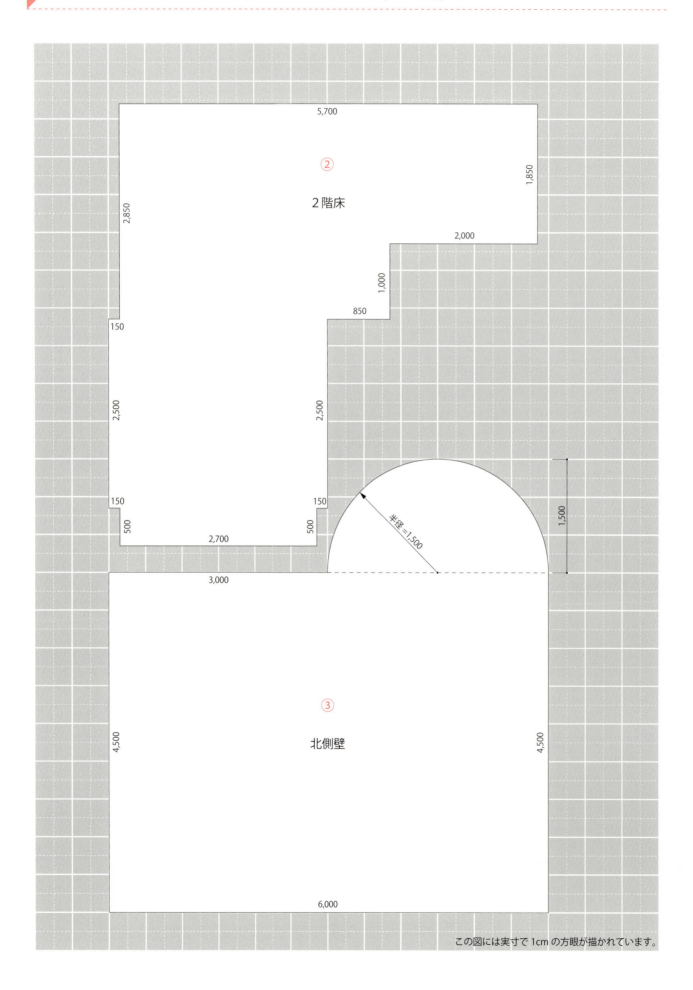

この図には実寸で1cmの方眼が描かれています。

スチレンボードから切り出すパーツ その3（1：50）

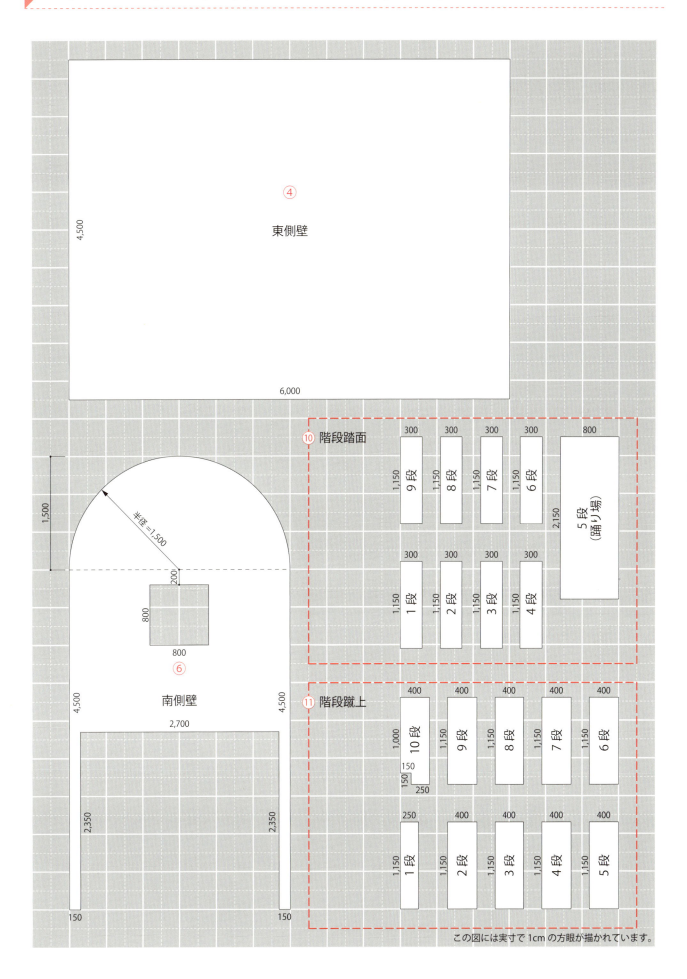

この図には実寸で1cmの方眼が描かれています。

丸屋根部分の下準備

STEP-1

3mmボードを50分の1のスケールで、6,000mm×13,710mmの大きさに切り出します。
これをパーツ⑤とします。

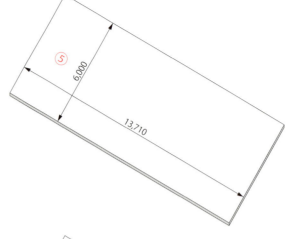

STEP-2

長手方向の両端からそれぞれ4,500mmの位置に、下書き線を入れます。
そして、下書き線に金尺をあてて、一番下の紙を切らないように注意しながら、カッターで切り込みを入れます（14ページ「欠き落としカット」参照）。

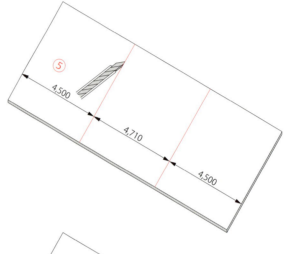

STEP-3

LESSON05で曲面をつくったときの要領で、赤線から赤線までの間の上の紙だけをはがします。
この部分が丸屋根の部分になり、紙をはがした面が丸屋根の内側になります。

STEP-4

紙をはがした部分に、1mm間隔、できればそれよりも短い間隔で切り込みを入れます。
裏面の紙までカットしないように細心の注意を払ってください。
曲面の半径が短く、カーブがきつくなるので、LESSON05で曲面をつくったときよりも、切り込みの間隔はかなり狭くなります。

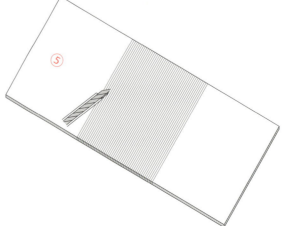

STEP-5

細かく切り込みを入れた部分を、ゆっくりと90°まで曲げてみます。
固くて曲がらない場合には、切り込みの部分に両手の親指を押し込むようにして、少しずつ力を加えて曲げていきます。
切り込みの部分は内側になり、外からは見えないので、多少のしわが入っても構いません。

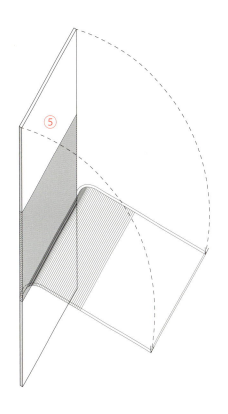

STEP-6

そのまま続けてゆっくりと、図のように逆Uの字になるように曲げていきます。
少しずつ力を加えて、きれいな半円を描くように曲げていきます。

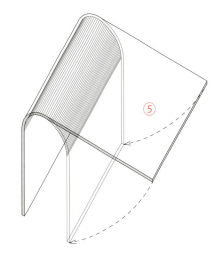

STEP-7

パーツ⑤が図のような形に曲がることが確認できましたか？ 手を放した状態で図のような形にならなくても構いません。パーツを手で押さえることで、平らな部分の2枚が平行な状態をキープできていれば大丈夫です。
この状態を確認できたら、パーツ⑤を最終的な形に切り出していきます。

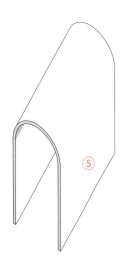

スチレンボードから切り出すパーツ その4（1:50）

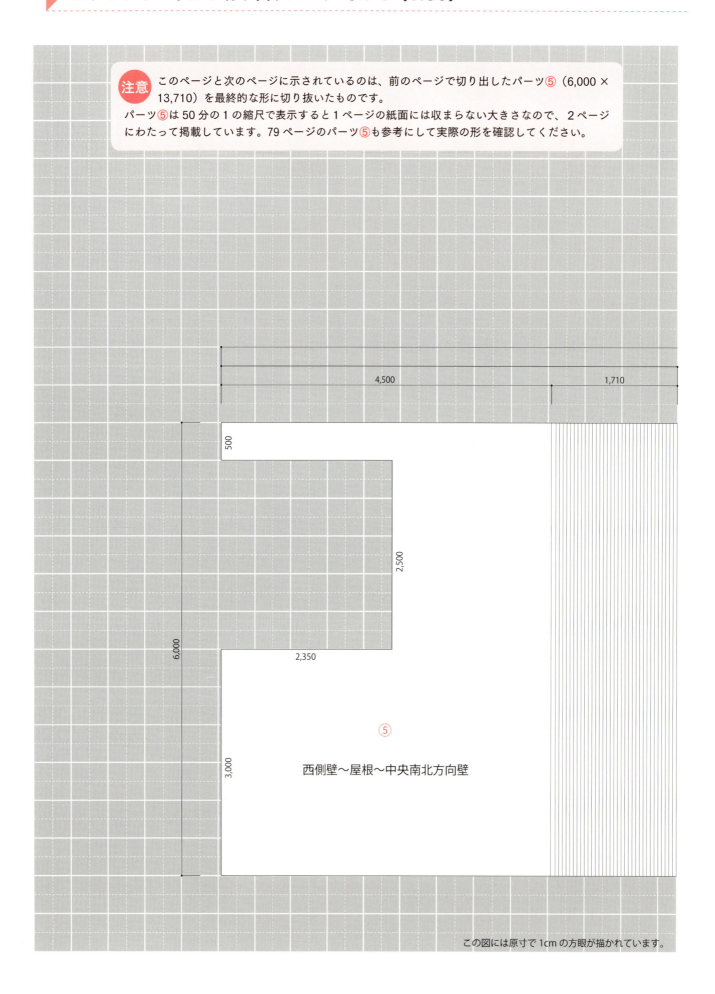

注意　このページと次のページに示されているのは、前のページで切り出したパーツ⑤（6,000 × 13,710）を最終的な形に切り抜いたものです。
パーツ⑤は50分の1の縮尺で表示すると1ページの紙面には収まらない大きさなので、2ページにわたって掲載しています。79ページのパーツ⑤も参考にして実際の形を確認してください。

⑤
西側壁〜屋根〜中央南北方向壁

この図には原寸で1cmの方眼が描かれています。

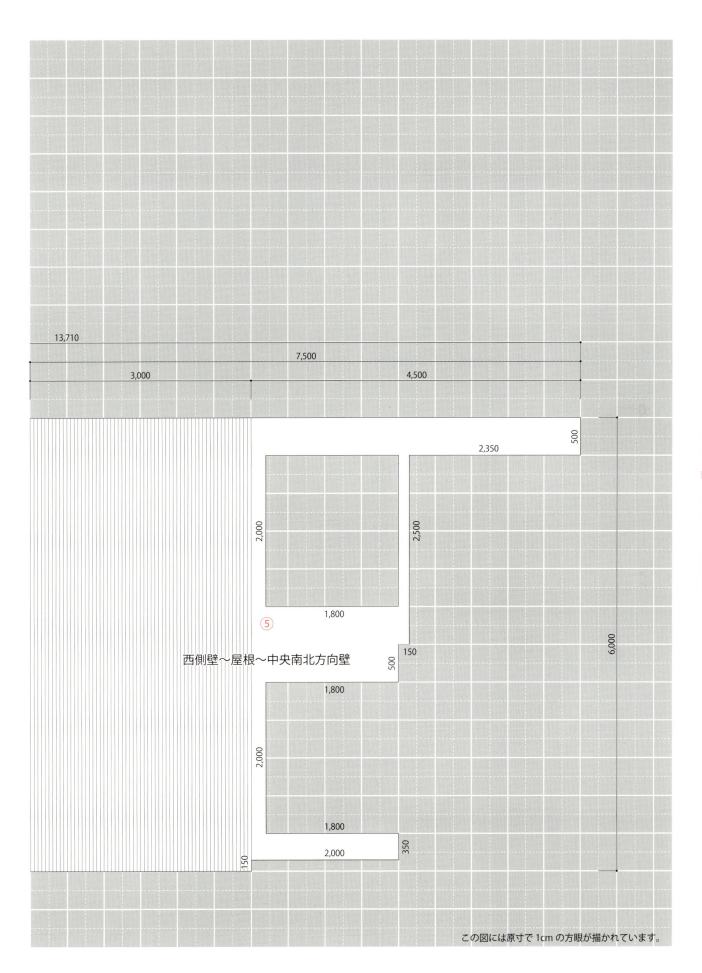

欠き落とし

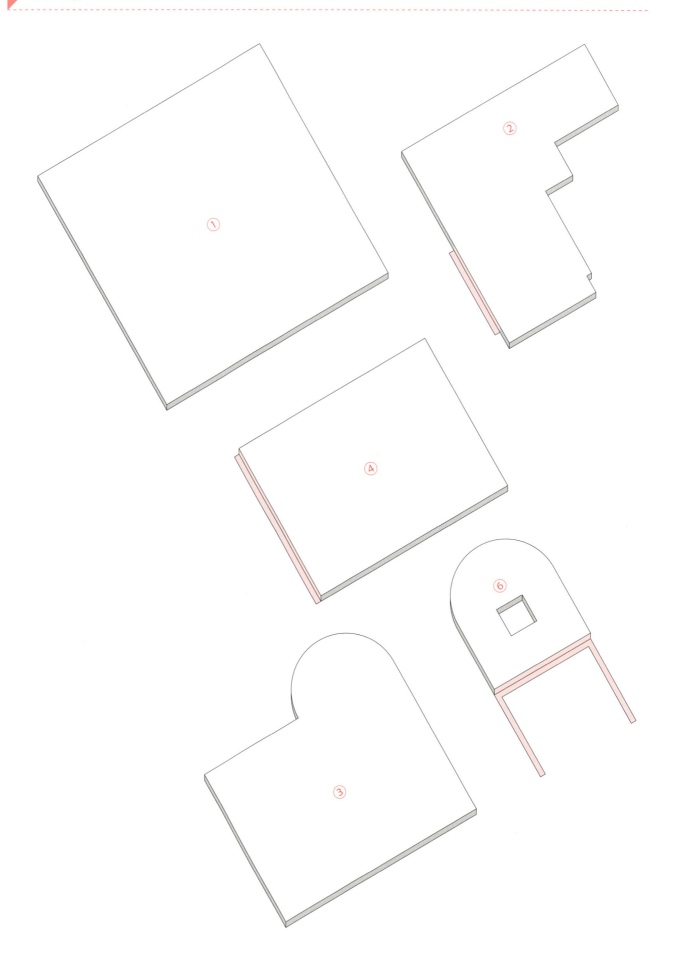

欠き落とし

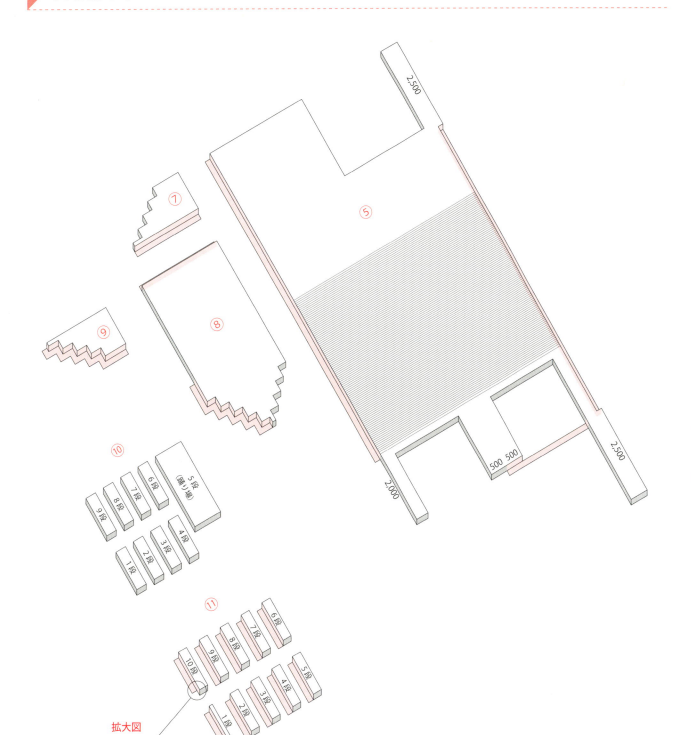

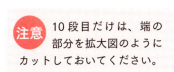

注意 10段目だけは、端の部分を拡大図のようにカットしておいてください。

組み立て方の手順（階段部分）

STEP-1

パーツ⑪（階段蹴上）と⑩（階段踏面）を接着して、階段1段分をつくります。

STEP-2

1段目から4段目とパーツ⑪の5段、6段目から9段目とパーツ⑪の10段を接着します。

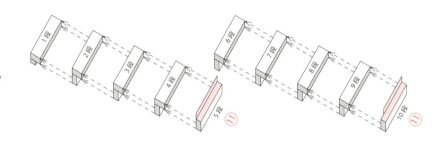

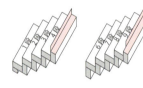

STEP-3

1段目から4段目、6段目から9段目の階段は、それぞれ図のような状態になります。

STEP-4

図のように1段目から4段目に、パーツ⑩の5段（踊り場）を接着します。

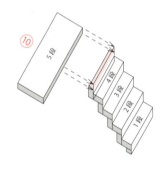

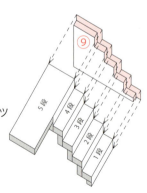

STEP-5

図のように1段目から5段目に、パーツ⑨（階段南側の壁）を接着します。

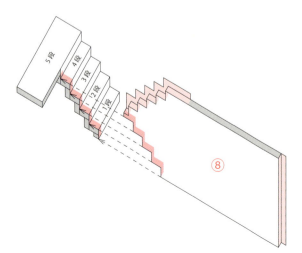

STEP-6

図のように1段目から5段目に、パーツ⑧（中央部東西方向の壁）を接着します。濃い赤色の部分が接着部分です。

STEP-7

1段目から5段目とパーツ⑧を接着すると、図のような状態になります。

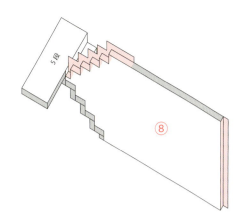

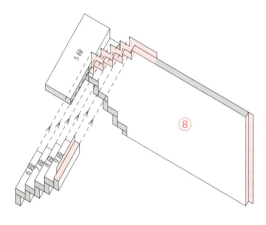

STEP-8

図のようにパーツ⑧に、6段目から9段目を接着します。

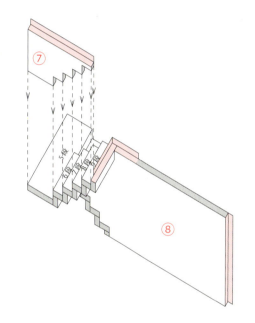

STEP-9

図のように6段目から9段目に、パーツ⑦（階段北側の壁）を接着します。

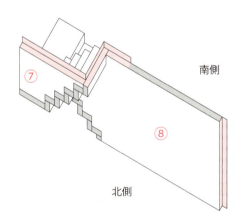

STEP-10

6段目から9段目とパーツ⑦を接着すると図のような状態になり、これで階段部分は完成です。これは、北側から見た状態です。

STEP-11

完成した階段部分（STEP-10と同じ）を、南側から見た状態です。自分がつくったものと見比べて確認してください。

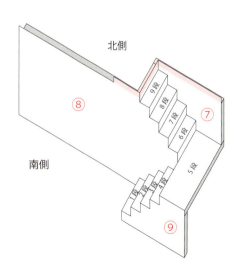

組み立て方の手順（本体部分）

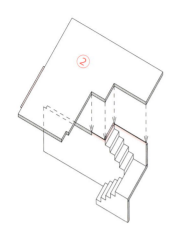

STEP-1

階段部分とパーツ②（2階床）を図のように接着し、本体をつくっていきます。
赤色の部分が、パーツ②のカット面に被さります。

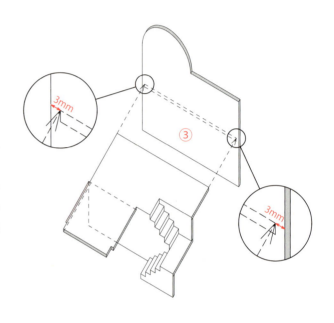

STEP-2

STEP-1 とパーツ③（北側壁）を図のように接着します。
接着部分は、パーツ③の端からそれぞれスチレンボードの厚さ分（3mm）ずつ離れていることに注意してください。

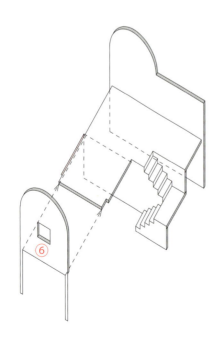

STEP-3

STEP-2 とパーツ⑥（南側壁）を図のように接着します。

STEP-4

STEP-3 に、下準備を施したパーツ⑤を取り付けます。まだこの段階では、パーツ⑤は曲げません。直線の部分だけ接着します。

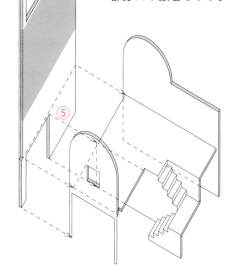

STEP-5

パーツ⑤上部の未接着の部分を、カーブを描くように曲げながら、丸屋根と中庭に面する壁を形成し、本体部分と接着します。

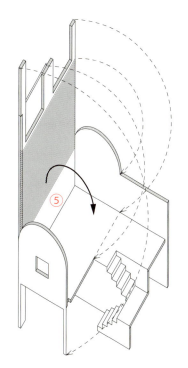

STEP-6

パーツ⑤と本体部分がキレイに接着できると図のようになります。

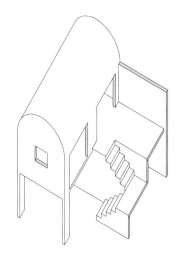

STEP-7

STEP-6 とパーツ④（東側壁）を接着します。
パーツ①（敷地兼1階床）を接着させて完成です。

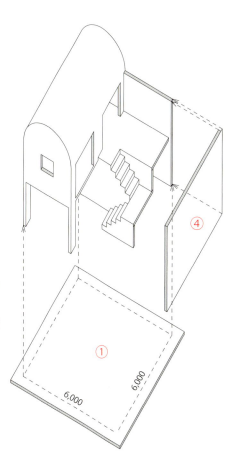

LESSON 11 テラスとピロティのある住宅模型

模型作品Ａ（1：50の縮尺で作製）

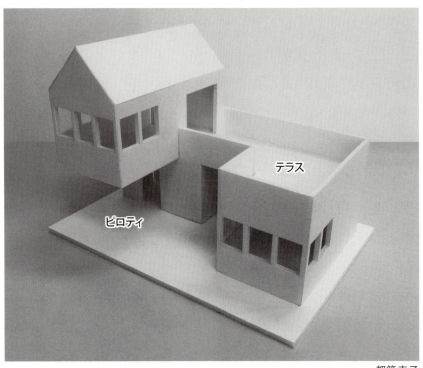

都築幸子

模型編の最終課題です。図面から模型をつくるのではなく、自分だけのオリジナルの住宅模型をつくります。これまでに学んできた模型づくりの技術を総動員してください。

この課題における「テラス」とは、人が立ち入ることができる２階の屋外部分。テラスは、屋根の有無は問いませんが、必ず手すりか腰壁を付けてください。

「ピロティ」とは、屋根のある１階の屋外部分。ピロティは庭だけでなく駐車場にすることもあります。

左の写真の模型は完成作品の一例で、普通科高校出身の学生が大学の１年生前期授業で実際に作製したものです。

ここでは、この学生の模型（模型作品Ａ）を例にして作製手順を説明していきます。

なお、次のページに学生の作品例を載せますので、参考にしてください。

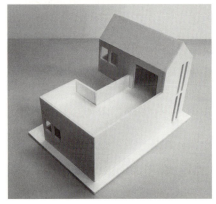
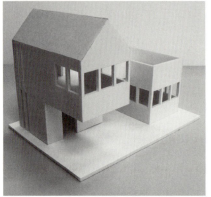

学生の作品例

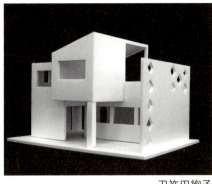
刀祢田絢子

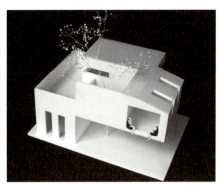
北村智哉

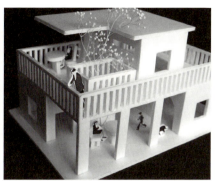
榊原翔

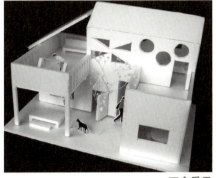
石倉愛弓

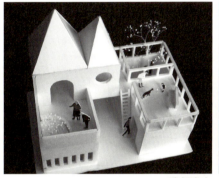
磯部真有

浜内常好

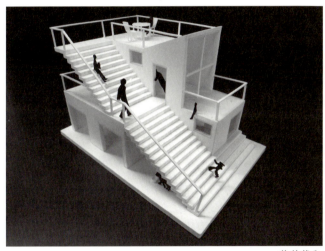
花井俊和

伊藤遙奈

小田切勝仁

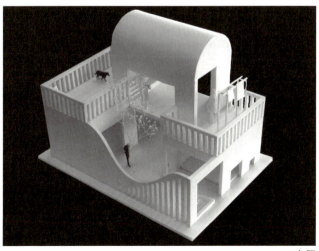
田中優

「スタディ模型」をつくる

LESSON11 では、いつものようにスチレンボードではなく、スチレンペーパーを用いて、「スタディ模型」をつくります。

スチレンペーパーは、スチレンボードのように両面に紙が貼られていないため、カットが楽にできます。そのため左の写真のように、どんなデザインの住宅にするかを、あれこれ検討する簡単な模型をつくるのに適しています。

このような、検討のための模型のことを「スタディ模型」といいます。

これに対し、これまでのようにスチレンボードで丁寧につくる模型のことを「完成模型」といいます。

スタディ模型では、完成模型のような「欠き落とし」は不要です。継ぎはぎでいいので、切ったり貼り付けたりを繰り返しながら、理想のデザインを追求してください。

デザインが決定したら、スタディ模型から寸法を採って、これまでのように丁寧に完成模型を作製します。

デザイン条件としての「3つの部屋」

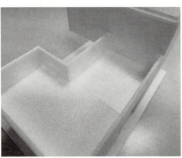

今回の課題では、大きさの異なる3つの部屋を50分の1でつくることが条件です。

3つの部屋の大きさは以下の通り。
部屋A：幅4,000㎜、奥行き3,000㎜
部屋B：幅5,000㎜、奥行き3,000㎜
部屋C：幅6,000㎜、奥行き3,000㎜
なお、高さは共通で2,500㎜です。

写真1のように、部屋を50分の1の大きさでつくっていきます。

このとき注意してほしいのは、底の部分をつくらないこと。写真2は部屋をひっくり返した状態で、底の部分がないことが分かります。

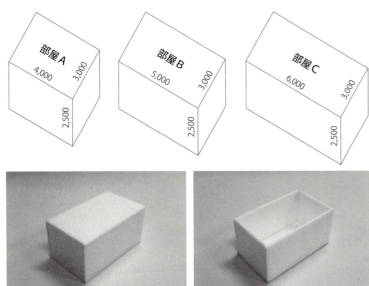

写真1　　　　　写真2

スチレンペーパーから切り出すパーツ その1（1：50）

スチレンペーパーから切り出すパーツ その2（1：50）

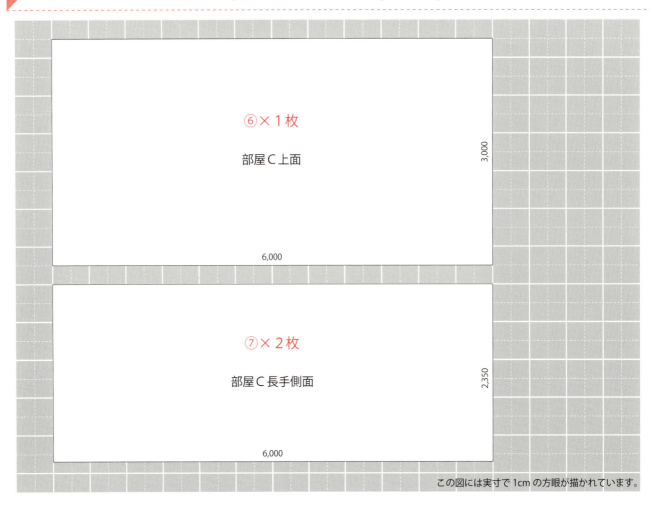

この図には実寸で1cmの方眼が描かれています。

3つの部屋をつくる

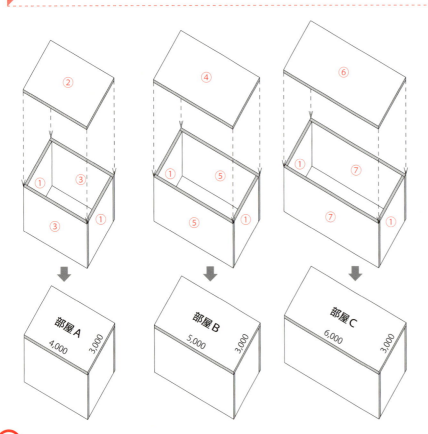

切り出したスチレンペーパーで大きさの異なる3つの部屋をつくります。

それぞれの部屋は、床底がない状態です。

3つの部屋を配置する

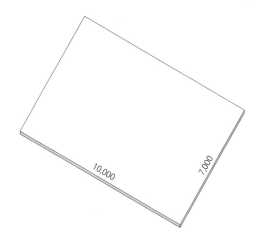

STEP-1

土台をつくります。敷地の大きさは 10 m×7m。これを 50 分の 1 のスケールでスチレンボードから図のように切り出します。
土台だけは、スチレンボードでつくります。スチレンペーパーと間違えないように注意してください。

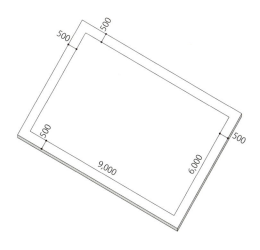

STEP-2

切り出した土台に、建物を建てる範囲を鉛筆で記しておきます。図のように敷地境界（土台の縁）から 500㎜後退したところが、建物建設範囲です。すなわち、建物が建てられる範囲は 9m×6m となります。

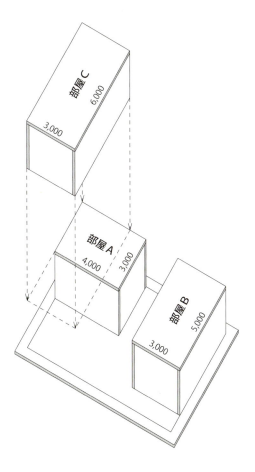

STEP-3

3 つの部屋を配置します。2 階建てになるように、そしてテラスとピロティがつくれるように配置します。
ここでのポイントは、なるべく部屋と部屋の間に空間ができたり、1 階の部屋と 2 階の部屋の壁の位置がずれるように配置することです。このように配置することで、テラスとピロティのデザインがしやすくなります。
図の配置は、84 ページの写真で紹介した、模型作品 A を例としたものです。ここからは、その模型を題材として説明を進めます。

スタディ模型でラフデザインを考える

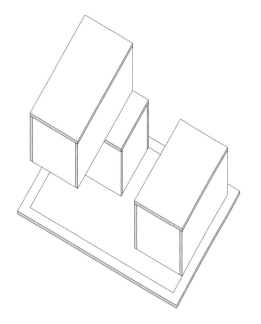

STEP-0
3つの部屋を土台に配置した状態です。

注意 今回の模型づくりは、住宅設計の専門的な視点からデザインする必要はありません。建築を学習する前の学生を想定した課題ですので、そもそもこの模型には扉も階段もありません。
今回の課題では、住宅の内側のことは全く考えていません。住宅の外側を中心に、自分が素敵だと思うデザインを、自由にいろいろと考えてみてください。

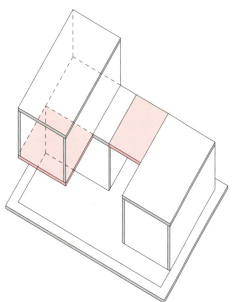

STEP-1（床の付加）
自分が必要だと考える場所に床を足します。
また、1階からはみ出している2階の部分は床がない状態なので、床を取り付けます。
これらの床はスチレンペーパーで取り付けます。
スタディ模型をつくる作業は、スチレンペーパーを用いて進めていきます。

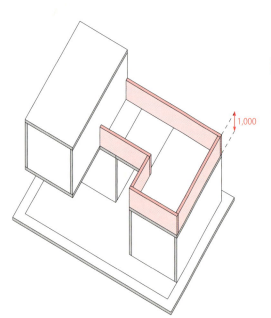

STEP-2（腰壁の設置）
2階のテラスにする部分に腰壁を設置します。
今回の課題では、腰壁の高さは1m（1,000mm）とします。

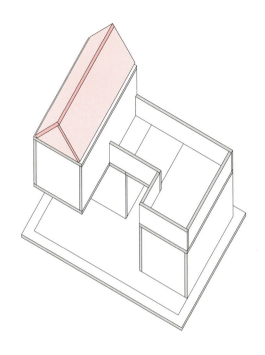

STEP-3 （屋根のデザイン）

屋根をデザインします。
これまでに経験した切妻屋根（三角屋根）や、丸屋根を載せてみましょう。
もちろん、自分で考えた他のカタチの屋根でも構いませんし、デザインのバランスから、あえて陸屋根（平らな屋根）のままにするという選択もあると思います。
この学生の場合は、切妻屋根を載せています。

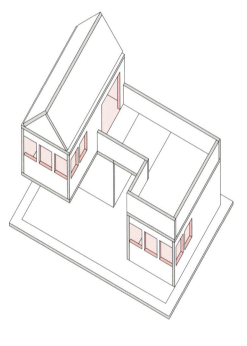

STEP-4 （窓のデザイン）

窓をデザインします。
ここまでにできたスタディ模型を手に取って、いろいろな角度から模型を眺めながら、全体のバランスを考えた上で、窓の位置や大きさをデザインします。
2階のテラスに面した壁や、1階の庭やピロティに面した壁に、人が出入りできる大きさの開口部を設けると、住宅らしさが出てきます。
模型作品Aの場合、スタディ模型はこれで完成です。
すなわち、この段階でラフデザインは決定したということです。

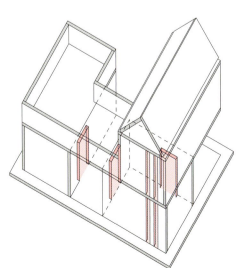

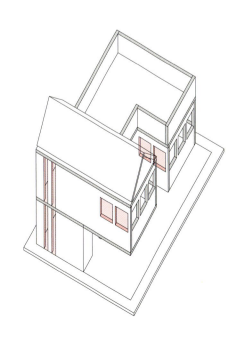

完成模型の制作

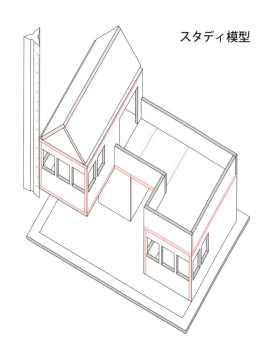

スタディ模型

STEP-1 （スタディ模型の採寸）

完成模型を作製するために、スタディ模型の寸法を三角スケールで測り、必要なパーツの寸法を把握していきます。三角スケールの「1：50」の目盛りをあてて測っていきます。

こうすることで、スタディ模型の住宅が実際に建った場合に、建物の高さや、床から天井までの高さ、窓の大きさなどが実際にどのくらいの大きさなのかを把握することができます。

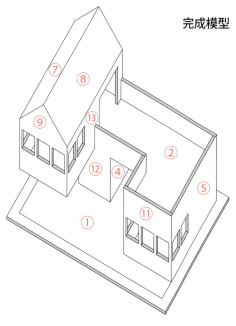

完成模型

STEP-2 （パーツの切り出し）

上の図と下の図2点を見比べてください。上の図がスタディ模型、下の図が完成模型です。

スタディ模型は、コーナー部分の欠き落としがされていないので、壁面が継ぎはぎだらけになっています（図中の赤線や赤色の部分）。

それに比べて、完成模型は、壁面に継ぎはぎがなく、スッキリしていることが分かります。

このように、連続する壁面や床面がつくれるようにパーツの寸法を把握し、切り出していくことが大切です。

この模型に必要なパーツを書き出したものを、参考までに次のページに載せておきます。

このように、自分がつくったスタディ模型についても、パーツを書き出してください。

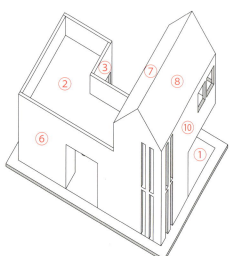

STEP-3 （完成模型の組み立て）

これまでのように、切り出したパーツを組み立てて完成模型が完成します。どの部分をどれだけ欠き落としするかは、今回は示していません。自分で考え、試しながら進めてください。その方法は1つではありません。試してみて失敗した場合は、もう一度そのパーツをつくるところからやり直してください。そうすることで、どこを欠き落としするか、コツがつかめるようになります。

スチレンボードから切り出すパーツ その1（1：50）

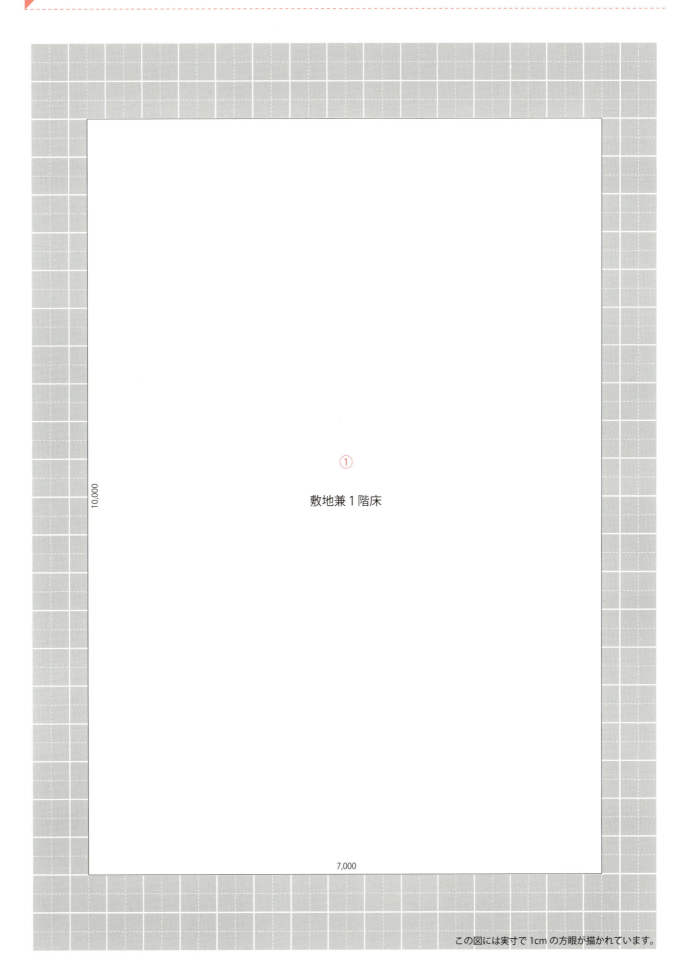

① 敷地兼1階床

10,000
7,000

この図には実寸で1cmの方眼が描かれています。

LESSON 11　テラスとピロティのある住宅模型

スチレンボードから切り出すパーツ その2（1:50）

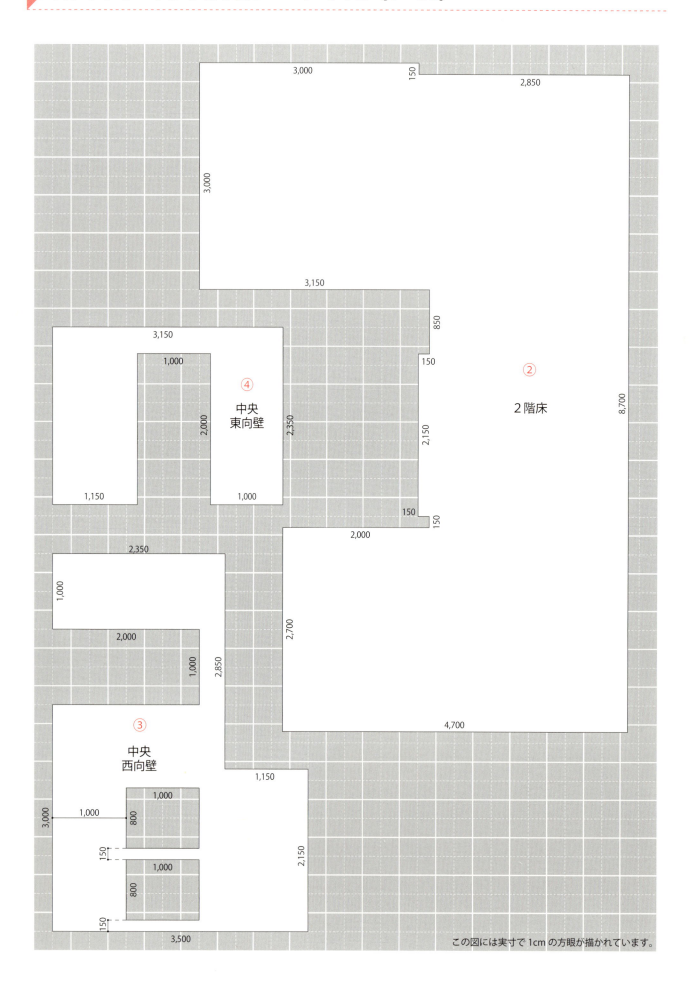

この図には実寸で1cmの方眼が描かれています。

スチレンボードから切り出すパーツ その3（1：50）

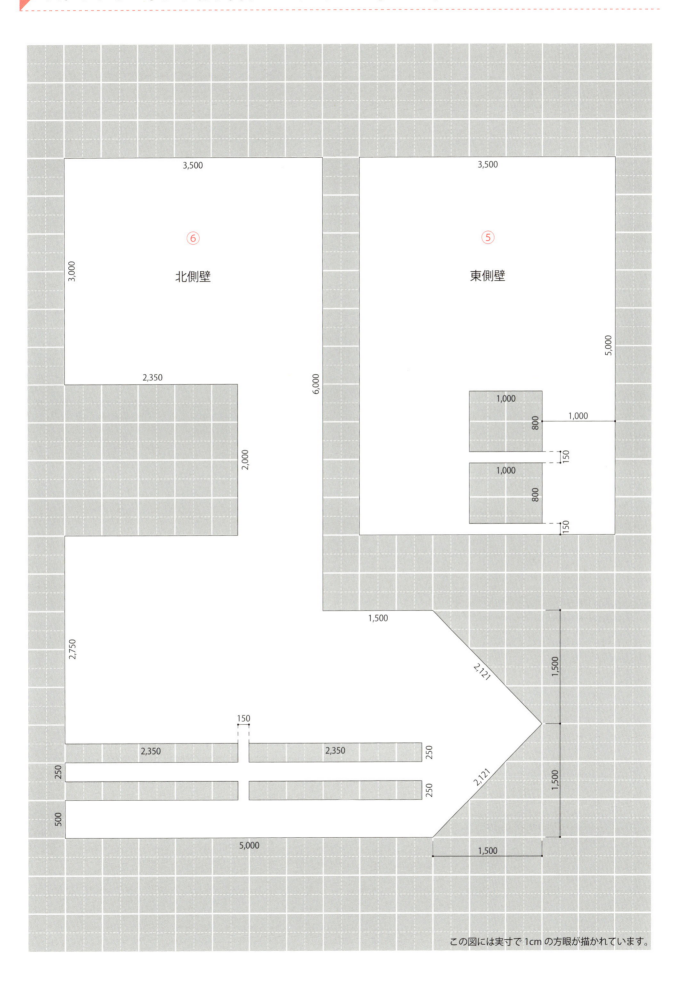

この図には実寸で1cmの方眼が描かれています。

スチレンボードから切り出すパーツ その4（1：50）

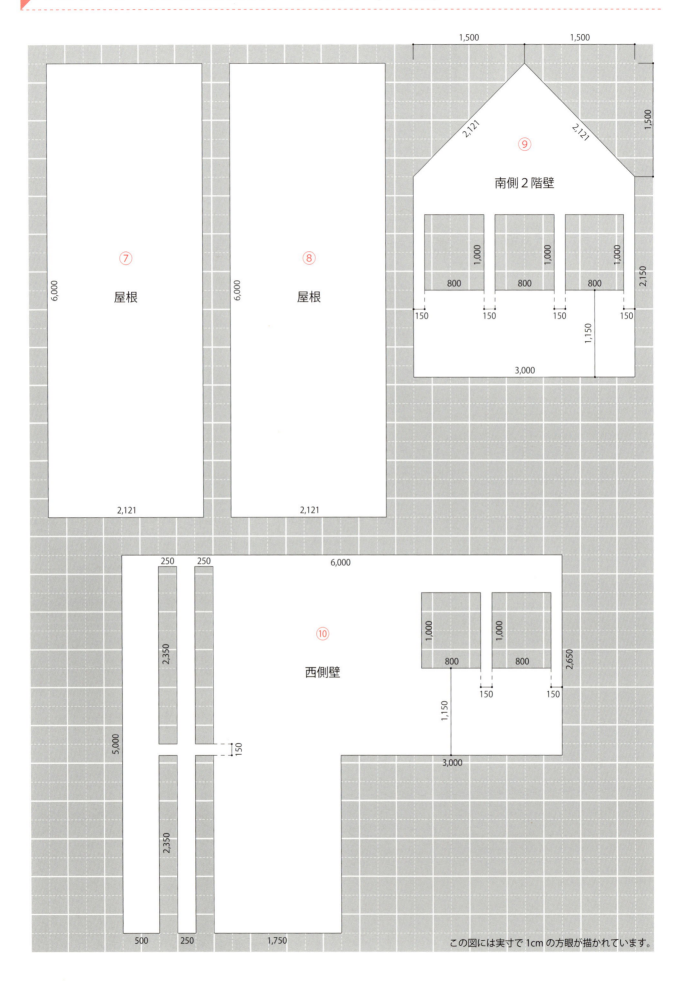

この図には実寸で1cmの方眼が描かれています。

スチレンボードから切り出すパーツ その5（1:50）

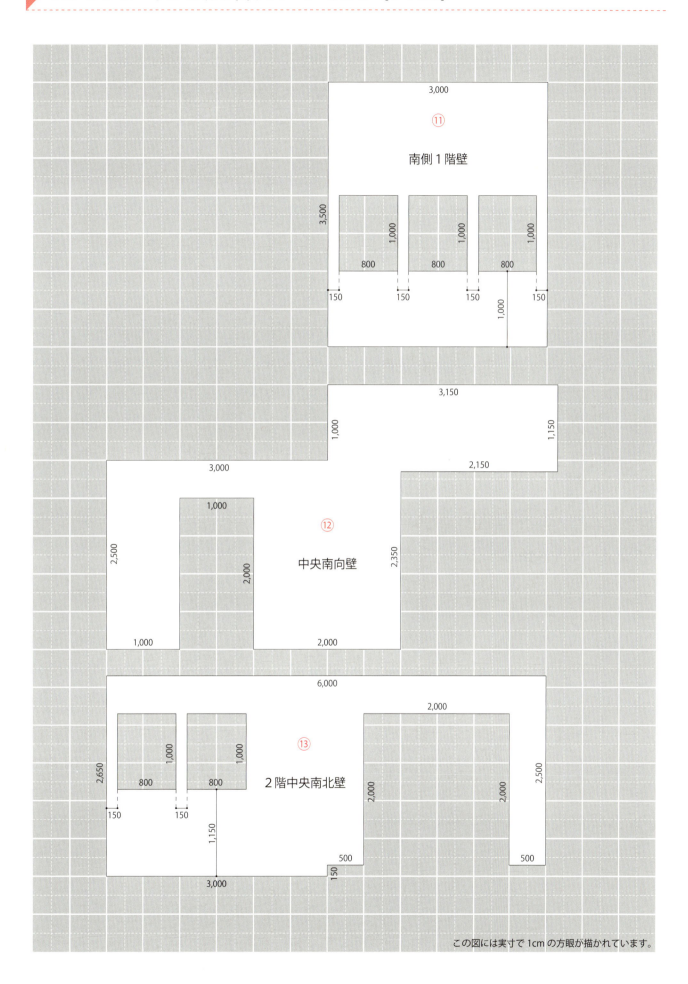

この図には実寸で1cmの方眼が描かれています。

手で描く 製図編

LESSON 12 製図用具の準備

製図用具をそろえよう

● 平行定規

持ち運びができる A2 サイズのものだと、使わないときには片付けておけるので便利です。また、建築士の試験会場に持ち込むこともできます。用紙を固定するための**マグネットプレート**が付属しています。

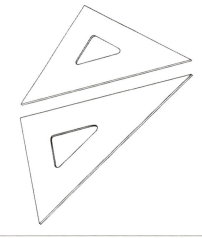

● 三角定規

30°＋60°直角三角形と、45°の直角二等辺三角形がセットになったものです。平行定規を使う場合は、長い辺が 30cm 程度あるものが必要になります。

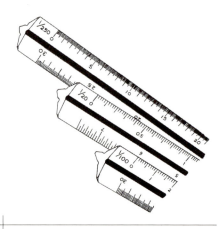

● 三角スケール

略して「サンスケ」。いろいろな縮尺がついている定規です。1／50 があると便利です。

● シャープペンシル

製図専用のものを用意しましょう。細線（0.3mm）、中線（0.5mm）、太線（0.9mm）を使い分けられるように 3 本あるとよいでしょう。
細線用（0.3mm）のものは、初心者の場合は芯が折れやすく、濃く描くことが難しいようです。

● ペンタイプ消しゴム

細かい部分を消すことが多いので、用意しておくと便利です。

● 製図用ブラシ

図面を汚さずに、消しゴムのカスやシャープ芯の粉、ホコリを取り除けます。

材料をそろえよう

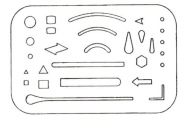
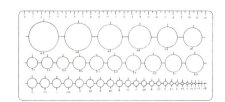
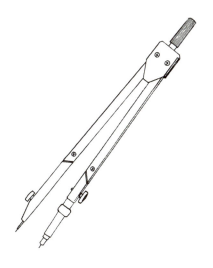

● 字消し板
不必要な部分まで消しゴムで消さないために用います。
全体がメッシュ（編み目）でできているものだと、図面が透けて見えるので便利です。

● テンプレート
コンパスで描くのが難しい、小さい円を描くためのプレートです。
楕円や正三角形、正方形がついているものもあります。
このプレートは、一級・二級建築士試験によく使われるパターンで構成されています。

● コンパス
円を描くために使います。
描いているうちに足が開かないようにつくられた、製図専用のコンパスです。

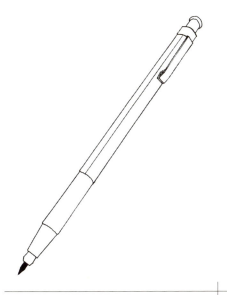

ケント紙

● 芯ホルダー
シャープペンシルとは違い、鉛筆のように利用できます。直径2mmの芯を入れて使います。
芯研器（しんけんき）を使って、芯の先を好みの太さに調整できるため、極細にすることも太くすることもできます。

● 芯研器
芯ホルダーの芯先を研ぐことで太さを調整します。

● ケント紙
硬くて表面が平らで滑らかな画用紙です。表面が強く、絵の具や鉛筆、インクがにじみません。さらに、消しゴムをかけても毛羽立たないなどの利点があり、製図に適しています。

LESSON 13 平行定規で線を引く

ケント紙をセットする

①ケント紙（101ページ参照）は、ケント紙の下辺とスケール（定規の部分）が平行になるように位置を定めます。
　ケント紙を貼る位置までスケールを移動してスケールの上辺とケント紙の下辺を合わせると、平行になります。
②位置を定めたケント紙は、ドラフティングテープ（11ページ参照）か、マグネットプレート（100ページ参照）で固定します。ドラフティングテープは用紙の四隅に貼ります。

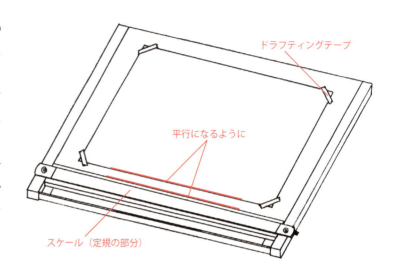

横に線を引く

①シャープペンシルの角度を一定に保ったまま、左から右へ、一定の速度で（3秒で60cm描く程度）丁寧に線を引きます（左利きの人は右から左へ引きます）。
②そのときに、芯を軸にして、**シャープペンシルを半回転**させるようにします。難しいですが、練習してみてください。
　これは、線の太さを一定に保つための工夫です。シャープペンシルを回転させないと、最初はとがって細かった芯の先が徐々にすり減って太くなり、描かれる線も太くなっていきます。
　シャープペンシルを回転させることにより、芯の外側全体が順番にすり減ることになり、線の太さを一定に保つことができます。

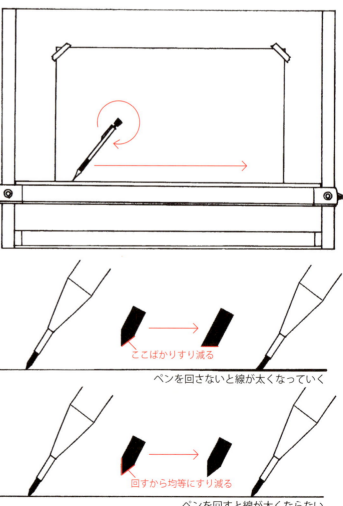

縦に線を引く

①平行定規に三角定規を載せます。このときに、右利きの人は定規の左側が垂直になるように、左利きの人は定規の右側が垂直になるように載せてください。これは非常に重要です。

②**下から上**へと線を引きます（右利きも左利きも同じです）。最初は描きにくいと思うかもしれませんが、**必ず下から上**へと引いてください。慣れてくると、こちらの方が描きやすくなり、また、キレイな線が引けるようになります。

このときにも、シャープペンシルを半回転させます。

③縦に線を引くときには、自分の体を三角定規よりも右に（左利きの場合は左に）移動させると、下から上へ線が引きやすくなります。

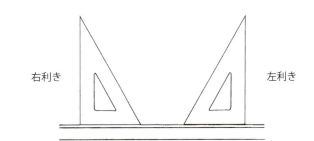

右利き　　　　　　　　　左利き

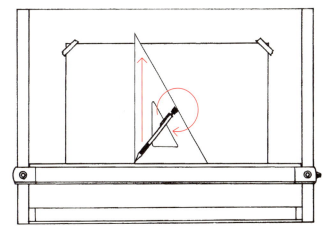

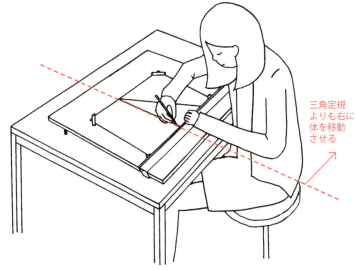

三角定規よりも右に体を移動させる

斜めに線を引く

30°、45°、60°の角度の場合は、それぞれの角度の三角定規を平行定規の上に載せます。

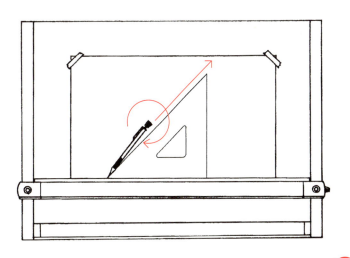

同じ太さで横に線を引く練習

①ケント紙をセットしたら、0.5mmのシャープペンシルを用いて、線を引いてみましょう。まずは1本、横線を引いてみてください。
②横線の最後は、しっかり止めて描いてください。徐々に線が薄くなったり消えてしまわないように注意してください。
③描かれた横線を確認します。左から右まで同じ太さで描かれていますか？ 濃さも同じかどうか確認してください。
④同じように、1cmの間隔をあけて次々と横線を引いて練習します。線の端がそろうようにあらかじめ薄く線を引いて止める場所が分かるようにします。
⑤すべての線が同じ太さで描かれていますか？確認してみてください。

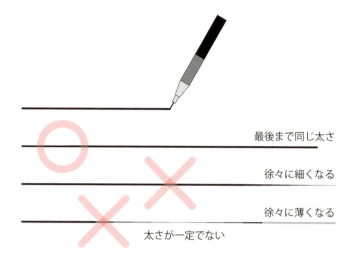

同じ太さで縦に線を引く練習

①今度は縦線です。横線と同様に、0.5mmのシャープペンシルを用いて縦線を引いてみてください。必ず下から上へ線を描いてください。
②横線のときと同様に、線の端の部分は、しっかり止めて描いてください。徐々に線が薄くなったり消えてしまわないように注意してください。
③描かれた縦線を確認します。上から下まで同じ太さで描かれていますか？ 濃さも同じかどうか確認してください。

同じように、1cmの間隔をあけて次々と縦線を引いて練習をします。線を引くたび、キレイに線が描けるように、いろいろと試してみましょう。

すべての線が同じ太さで描かれていますか？確認してみてください。

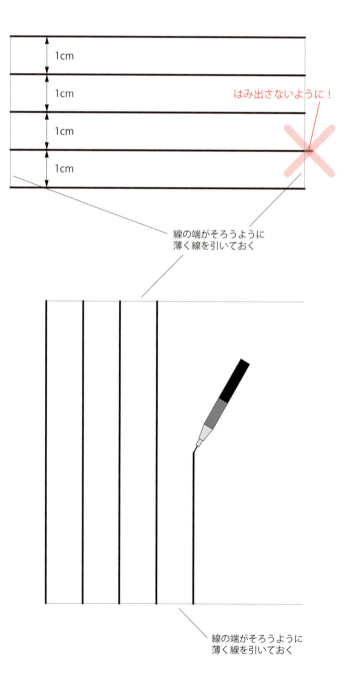

練習ノート（このページをコピーしてご利用ください）

線の端をそろえるための薄い線

太さを区別して線を引く練習

① 0.3㎜、0.5㎜、0.9㎜のシャープペンシルを用いて、細線、中線、太線の３本の線を引きます。まずは横線から。先ほどと同様に、1cmの間隔をあけて、３本ずつ描いていきます。
② 太線、中線、細線で線の濃さが変わらないように注意してください。
③ ３本の線の太さが明確に異なって見えるか確認してください。この区別は、建築製図でとても重要になります。
④ 同じように、縦線でも練習してみてください。

細線（0.3mm）

中線（0.5mm）

太線（0.9mm）

点線や一点鎖線を引く練習

① 今度は点線と一点鎖線の練習です。
短い線の点線と長い線の点線、さらには、長い線と短い点が交互に繰り返される一点鎖線。この３種を0.5㎜のシャープペンシルで１cmの間隔をあけて横線を引いていきます。
② 点線の長さが一定に保たれていますか？ 面倒な作業なので、次第に線は長く、間隔は広くなりがちです。注意しましょう。
③ 同じように、縦線でも練習してみてください。

点線（短い線の点線）

点線（長い線の点線）

一点鎖線

間隔がだんだん広がっている

線がだんだん長くなっている

点も線もだんだん長くなっている

練習ノート（このページをコピーしてご利用ください）

LESSON 13　平行定規で線を引く

LESSON 14 製図の基本練習

図面の枠を描く

　LESSON13では線の描き方を練習しました。LESSON14では、製図の基本練習をしたいと思います。

　製図板にA3サイズのケント紙を貼り付けたら、図のように図面の枠を描きましょう。これは図面を格好良く見せるために描くわけではありません。これから描く図面の平行、垂直の基準を定めるために描くのです。なぜなら、ケント紙が必ずしも正確な長方形であるとは限らず、上下の縁が平行ではなかったり、四隅が直角ではない場合があるからです。

サイズを赤字で記しておきます（赤字の部分はケント紙に描く必要はありません）。右下には、課題名、学籍番号、氏名を記入する欄も描きます。

　よくある質問に、「先生、余白は何cmの幅ですか？」というものがありますが、用紙の大きさが必ずしも同じではないので、それによって異なります。だいたい1～1.5cm程度ですが、重要なのは、「用紙の中央に枠が描かれているかどうか」ということです。

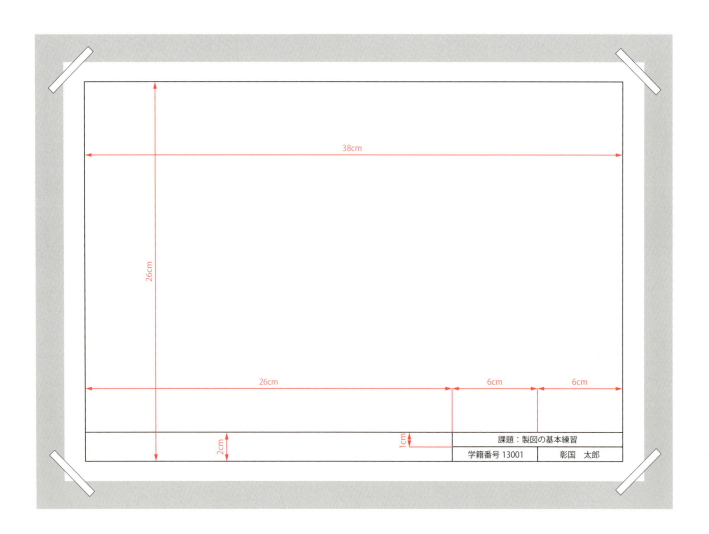

完成見本

　図のように、厚さ150mmの壁でできた1辺が6m（＝6,000mm）の正方形を50分の1の縮尺で描きます。練習ですので、同じものをもう1つ描いてみましょう。正方形が2つ並んでいるのはそのためです。

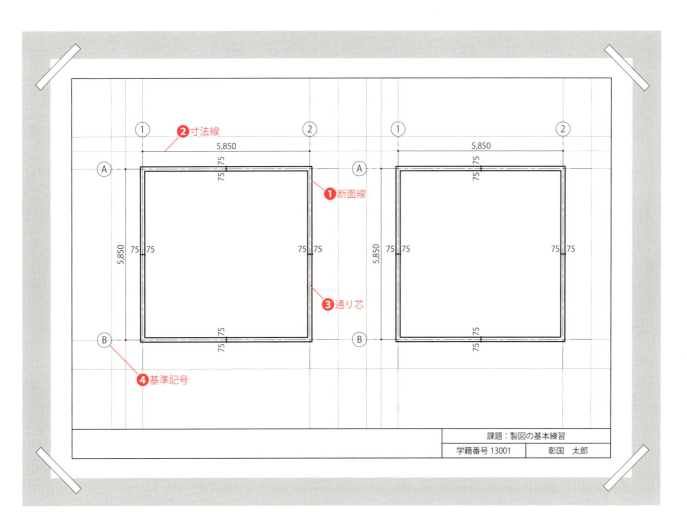

　一応ここで、図面の表記法を図で再確認しておきましょう。❶は断面線（41ページ参照）、❷は寸法線（41ページ参照）、❸は通り芯（または「組立基準線」46ページ参照）です。

　❹は「基準記号」といい、その記号からのびている組立基準線を識別するために付けられた記号です。図では、1、2、A、Bの4つの通り芯があることになります。本書では、図面に向かって横方向（X方向）の通り芯について、上からA、B、C……と記号を振り、図面に向かって縦方向（Y方向）の通り芯について、1、2、3……と記号を振ります。

下書き線を描く

　図のように、薄く下書き線を描きます。太さは「極細線」です。細線よりもさらに細く描きます。寸法は50分の1です。下書き線の間隔として示されている数値は、三角スケールの50分の1であたってください。ここからは、示された寸法をすべて50分の1に縮尺して描くことになります。なお、赤字、赤線は描かないでください。下書き線は、最終的に図面が見づらくならなければ、図面を描いた後に消す必要はありません。なので、あまり濃くならないよう、また、線が太くならないよう注意してください。

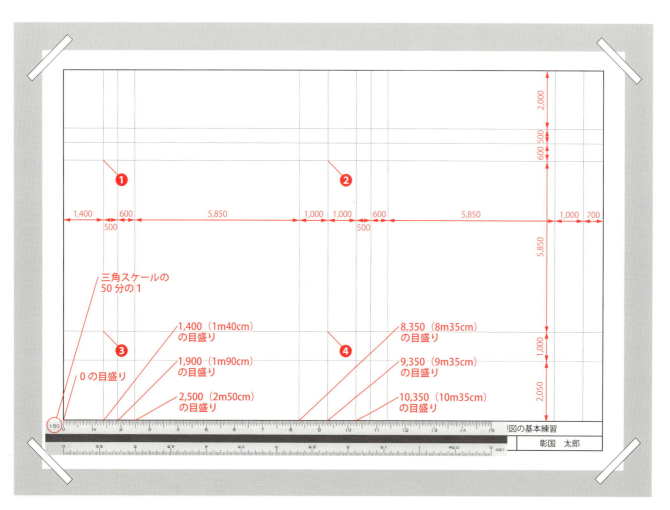

通り芯と寸法線を描く

　上の図の❶から❷へ、❸から❹へ、2本の通り芯を一点鎖線で描きます（左利きの方は逆方向へ）。

　通り芯の一点鎖線は、106ページの一点鎖線と比べると右の図のように点、線、間隔のいずれも長めに描きます。

　❶から❹それぞれの位置を間違えないように注意してください。

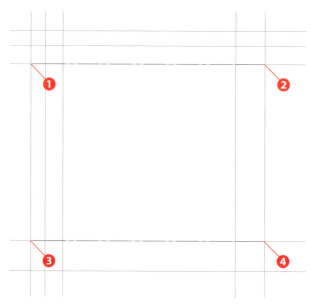

❺から❻へ、❼から❽へ、2本の通り芯を一点鎖線で描きます。このときに、必ず下から上へと線を描いてください（左利きの人は、❼から❽へ描いてから、❺から❻へと描きます）。

右の図をよく見て、位置を間違えないように注意してください。

❶の左側にテンプレートを使って○を描き（直径500㎜、実寸だと1cm）、その中に「A」と記入します。これが通り芯Aの基準記号になります。

この基準記号から右にのびている一点鎖線が、「通り芯A」になります。

同様に、❸の左側、❻と❽の上側にも同じ大きさの基準記号を描き入れます。

通り芯A、通り芯B、通り芯1、通り芯2、それぞれがどの線か、いま一度図で確認してください。

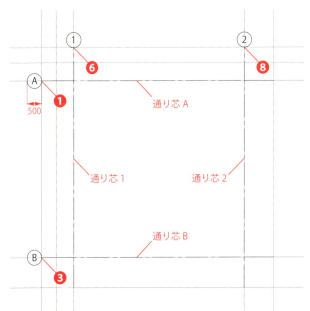

寸法線を描きます（❾❿）。

寸法線の両端に黒丸（・）を描くことを忘れないでください。

寸法線の中心には、通り芯と通り芯の間の寸法が5,850㎜であることを示すために、「5,850」と数値を記入します。他の寸法も文字の大きさをそろえて記入します。

ここで重要なのは、この時点で、**記入した数字とその寸法が実際に合っているかを確認する**ことです。必ず三角スケールをあてて確認してください。この時点での作図ミスならば、まだ修正も大変ではありません。壁や扉、家具などを描き込んだ状態になると修正は非常に困難です。

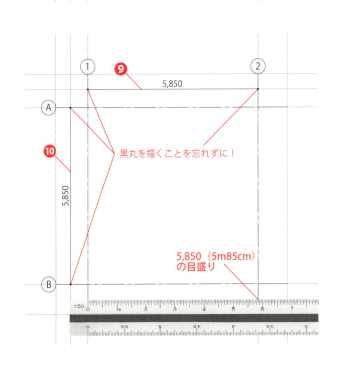

LESSON 14　製図の基本練習

手で描く 製図編　111

壁を描く

　通り芯を中心として、そこから両側に75mmずつ離して壁の断面線（41ページ参照）を描いていくのですが、その前にやはり下書き線を描きます。

　50分の1の三角スケールの目盛りは、50mmきざみなので、75mmを測るのは難しくコツが要ります。目盛りの50mmと100mmの中央になるように三角スケールをあてて、0mmと150mmの目盛りの部分で下書き線を描きます。

　断面線を描き入れます。線の太さは太線です。
　下書き線をなぞるように、上から順に横線だけを描いていきます。図の❶❷❸❹の順になります。下書き線同士が交わっているところからはみ出さないように、描き始めも描き終わりも注意してください。

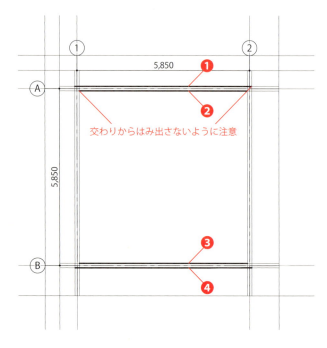

今度は縦の線を、左から順に描いていきます。
図の❶❷❸❹の順になります。

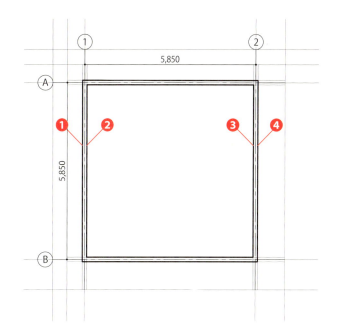

最後に、壁の幅寸法を記入します。
ここでは、断面線から通り芯まで75㎜ということを表すように記入しています。

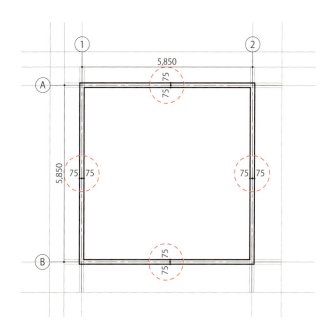

下書き線が気になる人は、必要な線を消さないように注意して、下書き線を消します。
字消し板とペンタイプの消しゴムを使うといいでしょう。これで完成です。
下書き線は、必ず消さなければならないわけではありません。薄く描いてあれば消す必要はありません。
最初の「完成見本」（109ページ）で述べたように、確認のためにもう一度、この正方形を作図します。今回描いた正方形の右隣に、今度は本を見ずに、この手順で作図ができるかに挑戦してみてください。

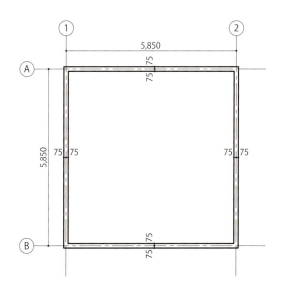

LESSON 15 建築図面のトレース

模型

　それでは、実際に設計図面を描いてみましょう……といっても、まずは見本の設計図面を描き写すことから始めます。このことをトレース（trace）といいます。

　今回トレースするのは、Lesson06で作製した「切妻屋根の住宅模型」の図面です。この模型が、実際の建物の50分の1と想定したときの図面がどのように描かれるかについては、Lesson07で紹介してあります。

　それでは始めましょう。

平面図と屋根伏せ図の見本

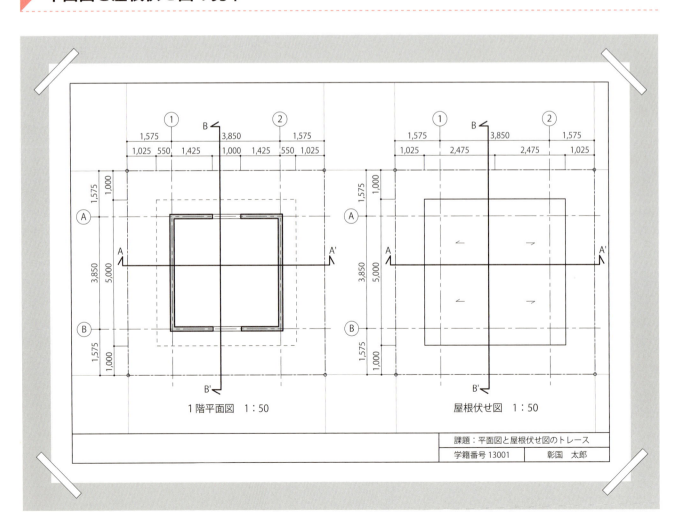

図面配置のための下書き線

まずはA3サイズのケント紙に図面の枠を描きます。これは108ページと同じ枠です。次に、図のように、下書き線を薄く描き入れます。縮尺は50分の1です。110ページと同じように、下書き線の間隔として示されている数値は三角スケールの50分の1であたってください。7,000㎜×7,000㎜の正方形が2つできますね。これが今回描く住宅模型の土台の部分になります。赤線、赤文字は図面には記入しません。

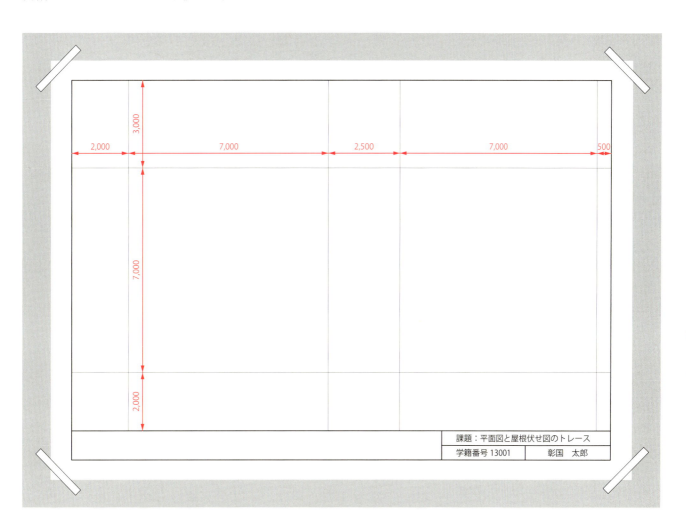

平面図トレース手順

2つある7,000㎜×7,000㎜の正方形のうち左側のものに、模型の土台の部分を「敷地境界線」として描きます。実際の建築図面では、建物を建てる敷地と隣の敷地の境界線を一点鎖線で示します。

下書き線の上をなぞりながら、一点鎖線を描きます。通り芯の一点鎖線（110ページ）と区別するために、通り芯の一点鎖線よりも少しだけ点、線、間隔を短めに、そして線も少しだけ太めに描きます。その際、敷地境界線の4つの隅には、隅であることを示す円を描き入れます（図の❶～❹）。

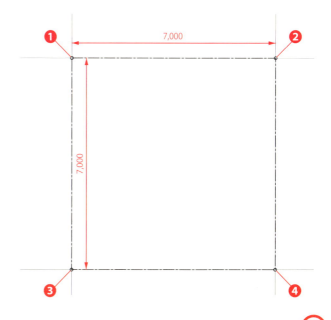

主要な通り芯（通り芯記号のあるもの）とその間の寸法線を細線で描き、寸法を記入します。

通り芯記号の円は、縮尺50分の1で直径が500mm（実際には1cm）です。

通り芯の一点鎖線は、敷地境界線の一点鎖線よりも少しだけ点、線、間隔が長く、細く描かれていることを確認してください。

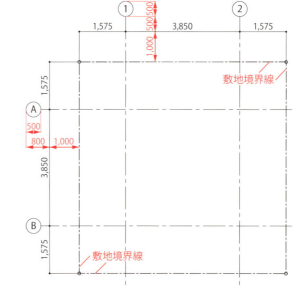

南北の壁にあけられる窓の位置を示すための下書き線（❶❷）と、その位置を示す寸法および寸法線を細線で描きます。

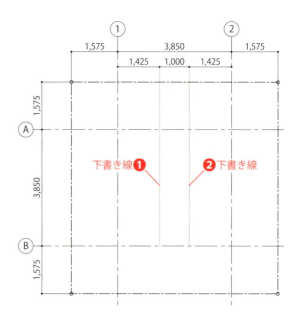

窓の位置と寸法を示すための寸法補助線（❸❹）を、下書き線をなぞるようにして、細線で描き入れます。

通り芯を中心として、そこから両側に75mmずつ離して壁の厚みを示す断面線を描くための下書き線を描きます（112ページ参照）。

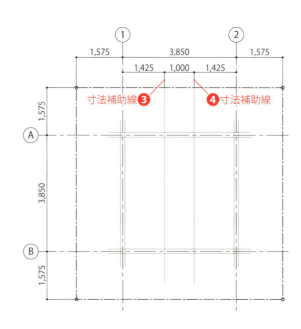

壁のライン（断面線）を太線で描いていきます。
　下書き線をなぞるように、上から順に横線だけを描いていきます。そのときに、窓になる部分には描かないように注意します。窓の位置を示す下書き線との交点をよく確認しておきましょう。図の❶から❽へと順番に描いていきます。

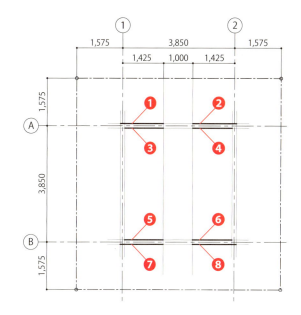

　今度は、縦の断面線を太線で描いていきます。要領は横線と同じです。
　ここでは窓の部分の壁の小口（壁の断面部分。図の❸❹❺❻）を太線で描くのを忘れないように注意します。

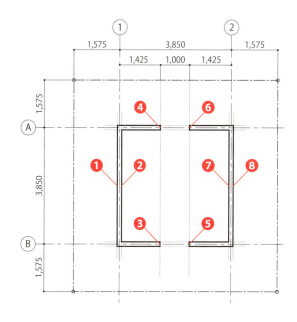

　窓の部分の「見えがかり線」を、❶から❹の順に中線で描きます。
　「見えがかり線」は左下の図の赤線の部分です。壁が切断された部分（グレーの部分）である「断面線」とは異なることを確認してください。詳しくは、LESSON 07 の 41 ページに説明しています。

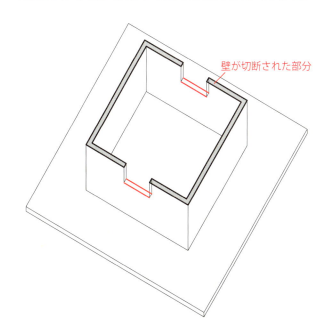

壁が切断された部分

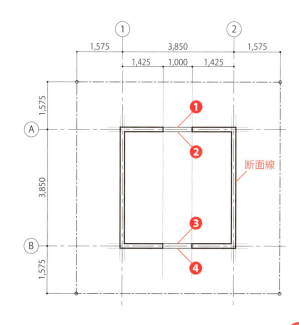

断面線

LESSON 15　建築図面のトレース

手で描く 製図編　117

壁面から飛び出している屋根の先の部分である「軒先」の位置を描くために寸法、寸法線、下書き線を描きます。下書き線をなぞるようにして、寸法補助線も描きます。

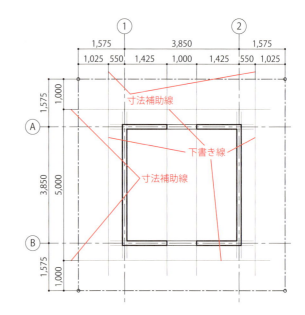

　下書き線をなぞるようにして、軒先を点線で描きます。太さは細線です。

　これは上の図の視点からでは実際には見えない線ということで、「隠れ線」といいます。

　隠れ線は、その階の天井や屋根がある場所とない場所の境を示しています（141ページで詳しく解説します）。

　右の図の「隠れ線」は軒先を示しています。すなわち、そこから内側は天井があり、外側は天井がないことを示しています。

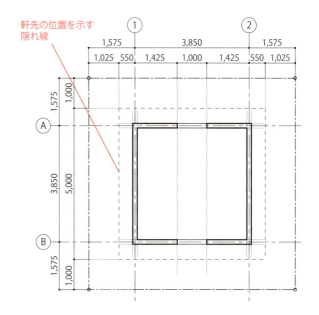

　最後に、断面図の切断位置を示す「切断線」を太線で描きます。

　断面線と見えがかり線の区別をつきやすくするために、断面線の内部を薄いグレーで塗る場合もあります。

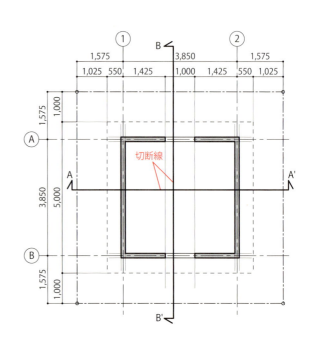

屋根伏せ図トレース手順

ここまでは平面図トレースと同じです（116ページ一番上の図参照）。

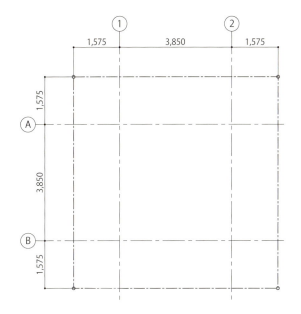

屋根の寸法および寸法線を描き、屋根を描くための下書き線を描きます。下書き線をなぞるようにして、寸法補助線も描きます。

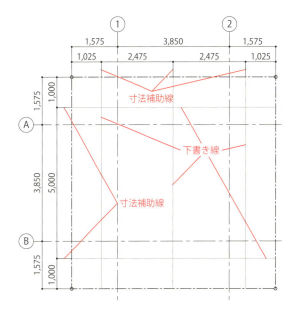

屋根のライン（見えがかり線）を中線で描いていきます。

さらに、平面図と同様に切断線を2本（A-A'およびB-B'）太線で描きます。

最後に、屋根の勾配方向（屋根が下がる方向）を矢印で示します。

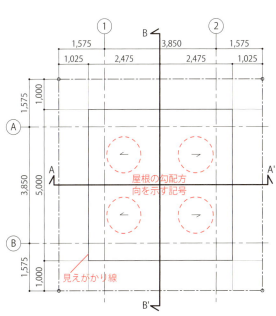

断面図の見本

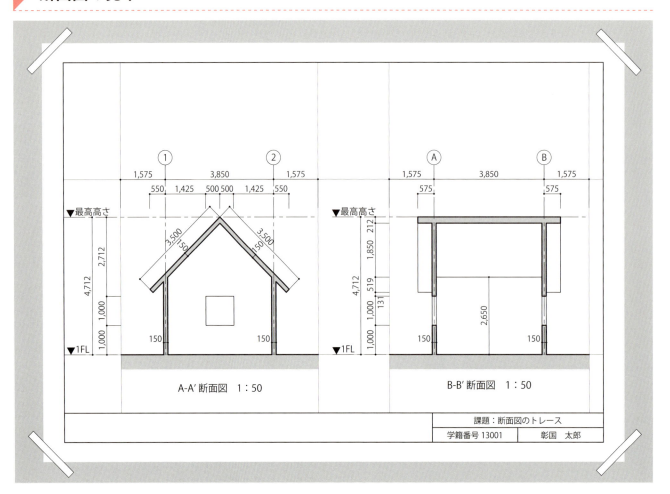

図面配置のための下書き線

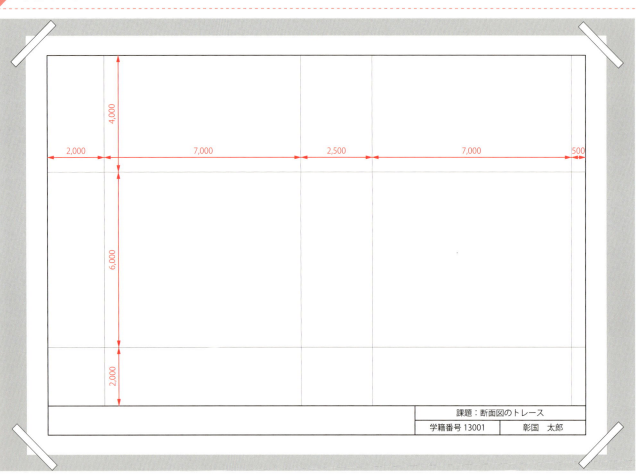

A-A' 断面図トレース手順

まず、120ページの下の図のように下書き線を描きます（115ページの図とは寸法が異なるので注意）。

縮尺は50分の1です。横7,000mm×縦6,000mmの長方形が、下書き線によって2つできたことを確認してください。それぞれの長方形の中に断面図が収まります。まず、A-A'断面図をトレースします。

左側の長方形に、一点鎖線で組立基準線（46ページ参照）を描きます。続けて、寸法線、寸法補助線を細線で描きます。基準記号の円は、50分の1の縮尺で直径が500mm（実際には1cm）です。

さらに「▼最高高さ」「▼1FL（1階フロアレベルの略）」を記入します。「▼」は、三角形の下端が、組立基準線に接するように記入します。

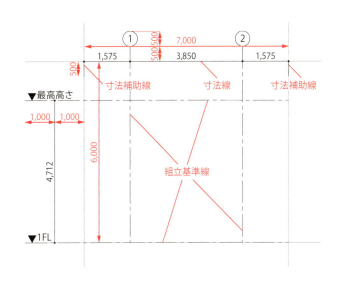

窓と屋根の位置を示すための寸法線と寸法を描きます。

寸法線の黒丸（・）から、下書き線を図のように描きます。

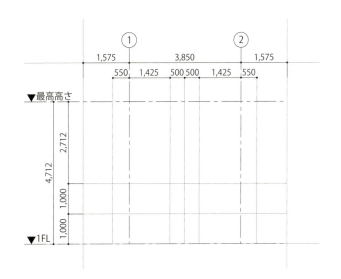

寸法線の黒丸（・）から、寸法補助線を図のように描きます。

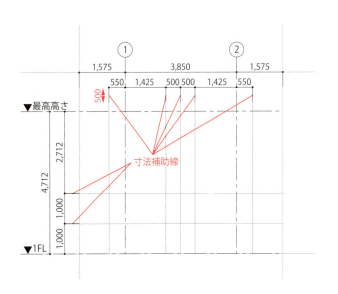

組立基準線を中心として、そこから両側に75mmずつ離して、壁の断面線を描くための下書き線を描きます。

　このときに、壁の厚み150mmの寸法および寸法線も記入します。

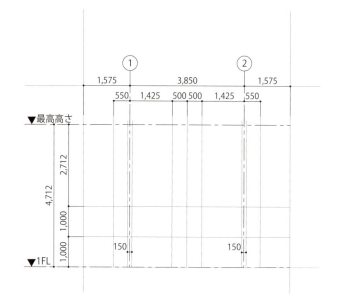

　45°の三角定規を使って、屋根の位置を下書き線で描きます。

　屋根の一番高い部分❶から、45°の角度で左下、右下へのびる斜線を描きます。左側の斜線は左下から❶へ線を引きます。右側の斜線は、❶から右下へ線を引きます。

　線を引く方向は、斜めの線でも「左から右」が基本になります。

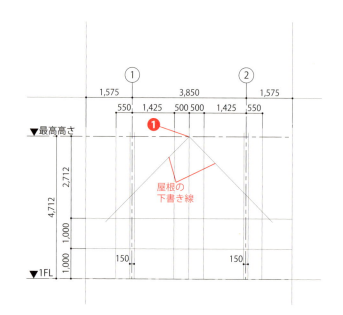

　屋根の下書き線から、屋根の傾きと垂直の方向に150mmの間隔をあけて、天井となる部分の下書き線を描きます。

　このときに、屋根の厚み150mmの寸法および寸法線も記入します。

　次に、❶❷の交点から45°の角度で右下、左下へのびる斜線の下書き線を描きます。

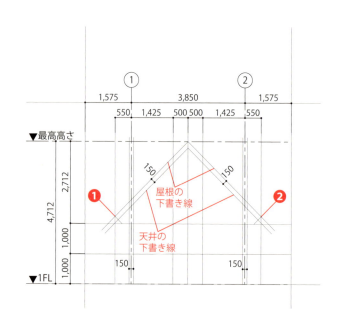

壁や床の断面線を太線で描きます。

下書き線をなぞるように、横線だけを描きます。図の❶から❸へと順番に描きます。

このとき、地面の描き入れ方に注意してください。

断面図の場合は地面も一緒に切断するので、壁の下の部分（❹❺）には太線は描きません。間違えやすいので注意してください。

次に、左から順に縦線だけを描きます。図の❻から❾へと順番に描きます。

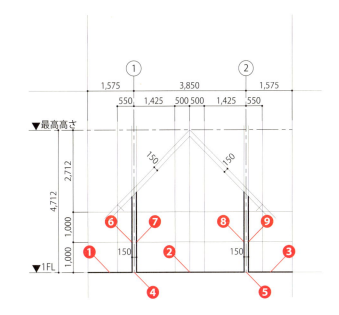

天井と屋根の断面線を太線で描きます。

下書き線をなぞるように、図の❶から❽へと順番に描きます。

なぜ❹は離れているのに先に描くのでしょうか？

これは、左下から右上に引く線をまとめて描くことで、三角定規の向きを何度も変えなくてすむからです。

❶から❹を描き終えてから初めて三角定規の向きを変えます。そして、左上から右下に引く線（❺から❽）をまとめて描くのです。こうした工夫によって図面を速く描けるようになります。

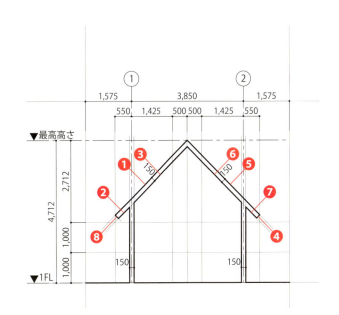

窓を中線（見えがかり線）で図の❶から❹へと順番に描き入れます。

太線で描かれている断面線とは線の太さが異なることを確認してください。

次に、寸法線とともに屋根の長さ 3,500mm を記入します。

断面線を分かりやすくするために、断面線の内部を薄いグレーで塗ります。断面図では、地面も一緒に切断するイメージなので、1FL から下 500mm にも薄いグレーを塗ります。

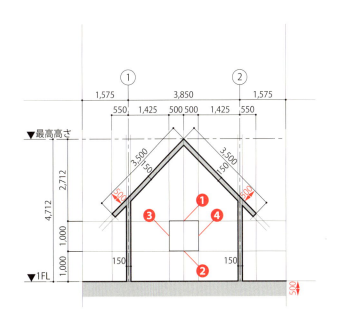

B-B' 断面図トレース手順

前のページではA-A'断面図を描きました。

その右側にある長方形に、組立基準線、寸法線、寸法補助線を描きます。

基準記号の円の中に書く文字は「A」と「B」なので注意してください。

「▼最高高さ」「▼１ＦＬ」を記入します。「▼」は、三角形の下端が、組立基準線に接するように記入します。

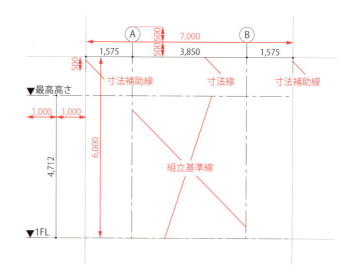

屋根と天井の位置を示すための寸法線と寸法を記入します。

寸法線の黒丸（・）から、下書き線を図のように描き入れます。

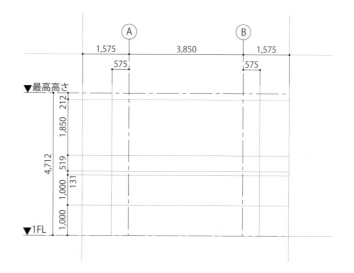

寸法線の黒丸（・）から、寸法補助線を図のように描き入れます。長さは500mm。

次に、通り芯を中心として、そこから両側に75mmずつ離して、壁の断面線を描くための下書き線を描きます（❶❷❸❹）。

さらに、床から「室内の天井面と壁面がぶつかる位置（125ページ左下の図参照）」までの高さを示す寸法線（❺）と寸法2,650mmを記入します。

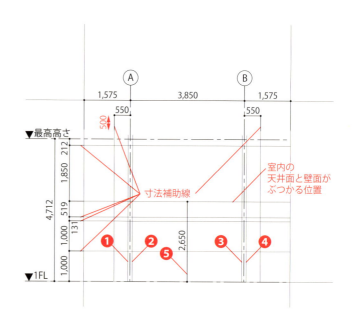

断面線を太線で描き入れます。

これまでのように、横線を先に上からまとめて、❶から⓫の順に描きます。

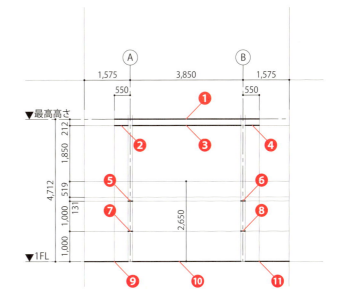

続いて、縦線を左からまとめて❶から❿の順に描きます。

このように、横の線と縦の線をそれぞれまとめて描くことで効率良く図面を描くことができます。

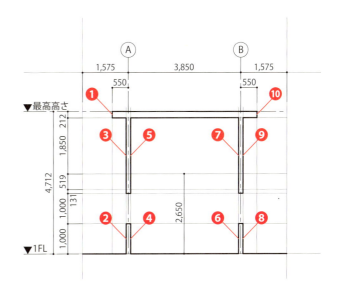

屋根の裏側や室内の天井面と壁面がぶつかる位置の見えがかり線を、下書き線をなぞるように中線で描きます。❶と❷の位置関係を図で確認してください。ここでは断面線の内部と、1FLから下500mmまでを薄いグレーで塗っています。

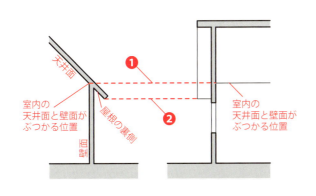

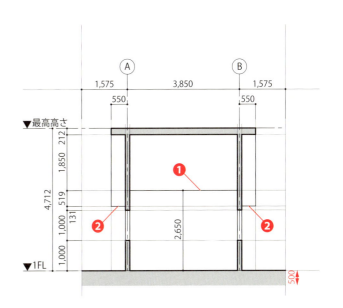

立面図の見本

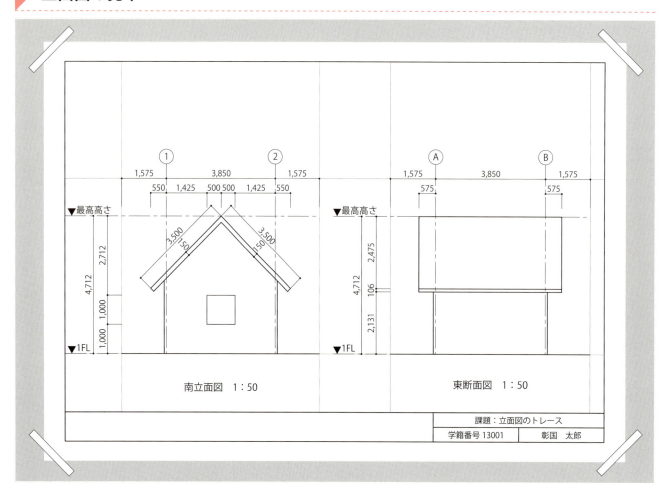

図面配置のための下書き線

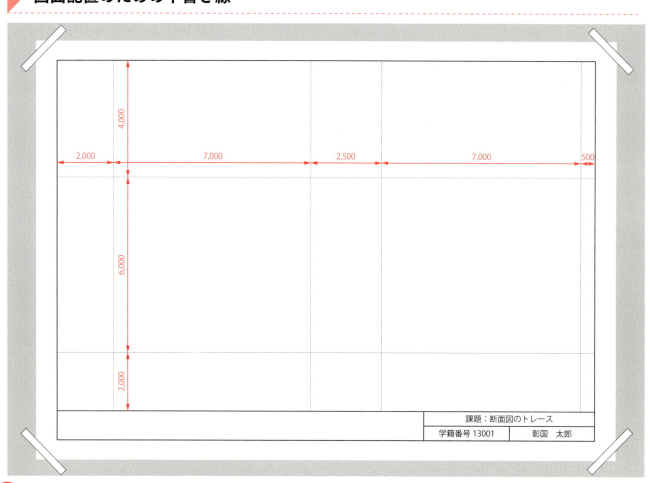

南立面図トレース手順

120ページ下の図のように下書き線を描きます。
まず、南立面図をトレースします。

左側の長方形（横7,000mm×縦6,000mm）に、組立基準線、寸法線、寸法補助線（長さ500mm）、
基準記号を描きます。

また、「▼最高高さ」「▼１ＦＬ（１階フロアレベルの略）」も記入します。

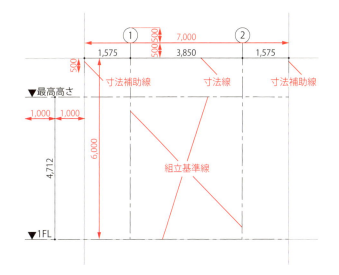

窓と屋根の位置を示すための寸法線と寸法を記入します。

寸法線の黒丸（・）から、下書き線と寸法補助線を図のように描き入れます。

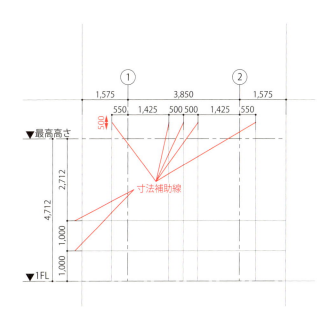

組立基準線1の左側に75mm、組立基準線2の右側に75mm離して、建物の外形線の下書き線を描きます。

次に、屋根の一番高い部分❶から、45°の角度で左下、右下へのびる斜線を下書き線で描きます。

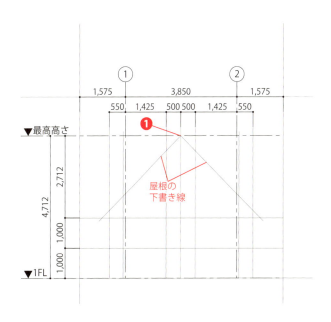

屋根の下書き線から、屋根の傾きと垂直の方向に150mmの間隔をあけて天井となる部分の下書き線を描きます。

このときに、屋根の厚み150mmの寸法および寸法線も記入します。

次に、❶❷の交点から45°の角度で右下、左下へのびる斜線を下書き線で描きます。

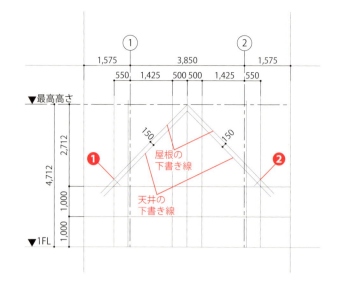

壁と地面、および窓を中線の太さで描きます。

下書き線をなぞるように、図の❶から❼へと順番に描いていきます。

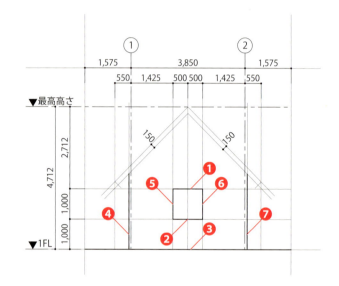

天井と屋根を中線の太さで描きます。

下書き線をなぞるように、図の❶から❻へと順番に描きます。

最後に、屋根の長さ3,500mmを寸法線とともに記入してください。

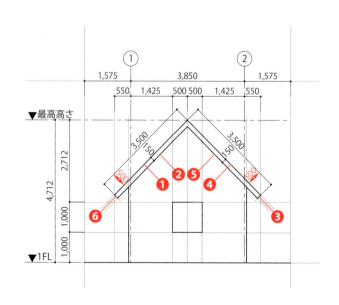

東立面図トレース手順

ここまでは南立面図と同じ手順です。
ただし、基準記号の円の中に書く文字は「A」と「B」なので注意してください。

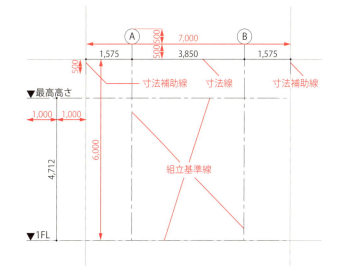

まず、組立基準線Aの左側に75㎜、組立基準線Bの右側に75㎜離して、建物の外形線を描くための下書き線を描きます。

次に、屋根と屋根の軒先の位置を示すための寸法線と寸法を記入します。寸法線の黒丸（・）から、下書き線と寸法補助線を図のように描きます。

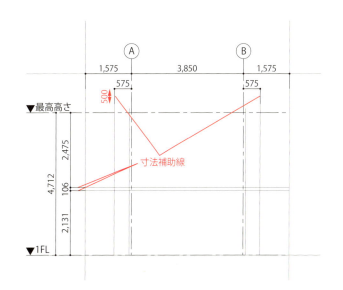

壁や屋根の輪郭を中線で描きます。
下書き線をなぞるように、❶から❽へと順番に描きます。
断面と立面における屋根の軒先の位置関係を、図で確認してください。

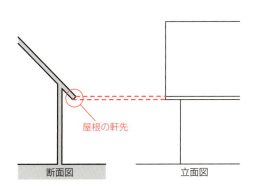

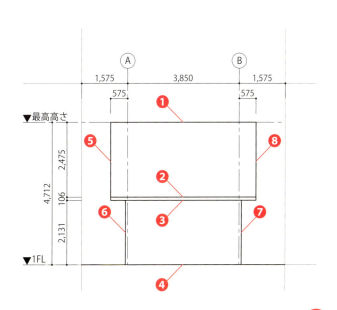

LESSON 16 コートのある住宅・平面図

模型

今度は、図面を描き写すのではなく、LESSON 09 でつくった自分の住宅図面を、実測しながら自分で考えて描いてみましょう。LESSON 09 で作製した模型を用意してください。

まずは平面図から始めます。初めてですから、間違えてもかまいません。自分で考えることが大切です。そして間違えたところをやり直すことで理解が深まります。

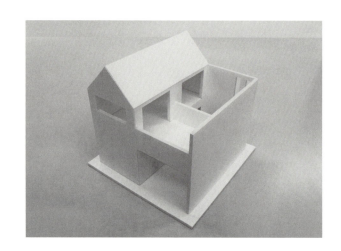

図面配置のための下書き線

まずは A3 サイズのケント紙に図面の枠と下書き線を描きます。赤線、赤文字は図面には記入しません。

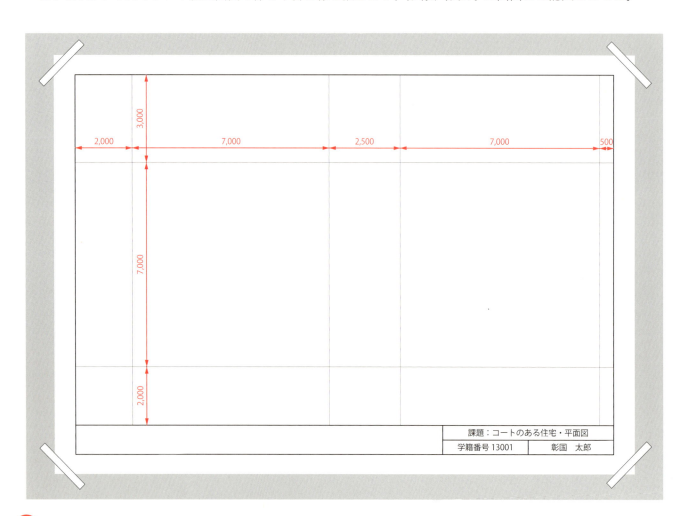

模型のカット

LESSON09でせっかく作製した模型ですが、カッターで切断します。地面から高さ1,200㎜の位置（赤線）で切断します。

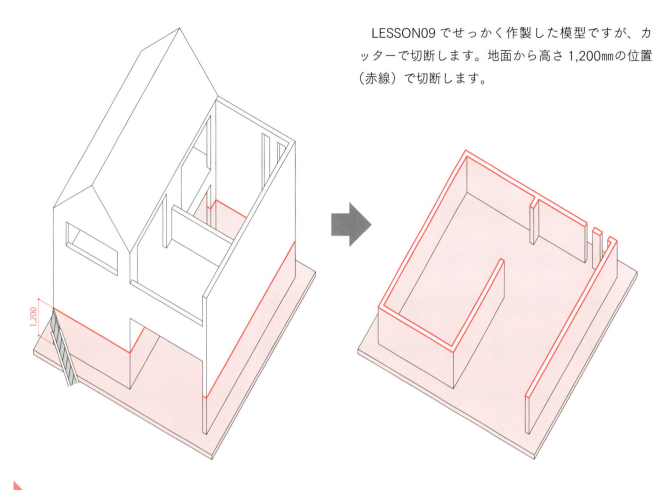

1階平面図のための採寸

図の赤い一点鎖線のように、壁の厚みの中央に、通り芯が入ることを確認してください。

確認できたら、右下の図のように通り芯から隣の通り芯までの長さ（❶❷❸）を三角スケールの50分の1で測ります。

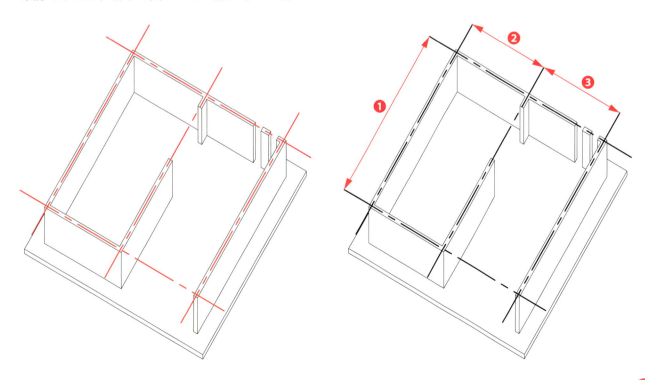

1階平面図のための採寸（つづき）

　寸法が細かくて測りづらいときは、測りやすい寸法の場所を測ってから、壁の厚さを引いて計算します。例えば、❶の寸法は、図のように模型の一番外側から外側までの6,000㎜を採寸し、そこから75㎜（壁厚の半分）×2を引いて5,850㎜を導きます。

　他にも、平面図を描くために必要となる寸法（❹〜❽）は、この段階で測っておきます。

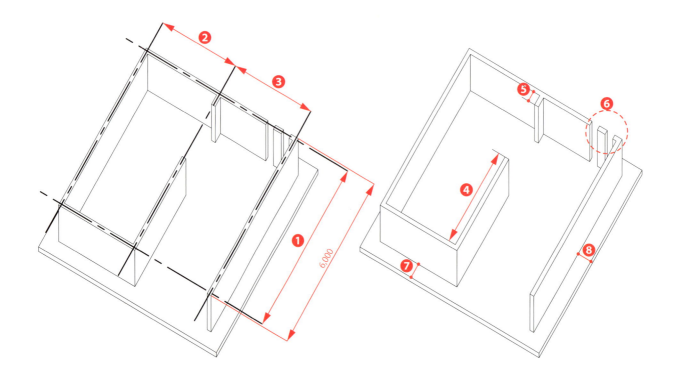

　測った寸法は忘れないようにメモしておきます。このときに、数値だけでなく、フリーハンドで、時間をかけずに大まかな平面図を描いてしまいます。

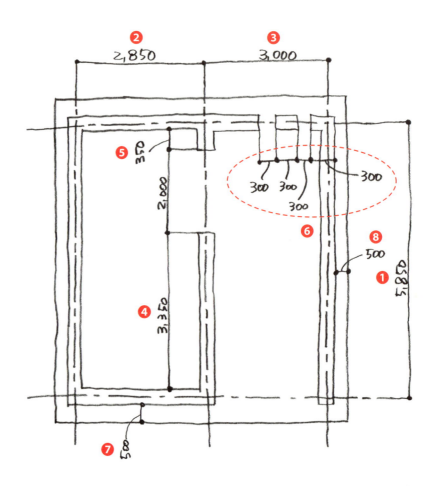

1階平面図の作図

　まずは敷地境界線を描きます（LESSON15、115ページ参照）。

　下書き線で描いた2つの7,000㎜×7,000㎜の正方形のうち左側に、模型の土台の部分を「敷地境界線」として描きます。

　下書き線の上をなぞりながら、細線より少し太く一点鎖線を描きます。

　その際、敷地境界線の4つの隅には、隅であることを示す円を描きます。

　通り芯とその間の寸法線、寸法を描きます。

　敷地境界線から寸法線までの長さや、寸法線から寸法線までの長さは特に決まっていません。

　見やすく、全体的なバランスがいい位置に配置してください。

　ここでは参考の値を赤文字で記載しています。基準記号はまだ円の中に記入しないでください。

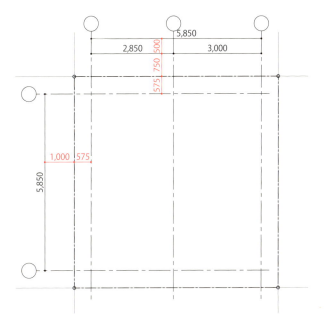

　通り芯を中心として、そこから両側に75㎜ずつ離して、壁の断面線を描くための下書き線を描きます。

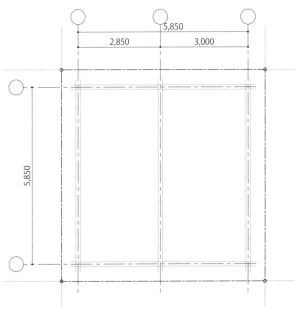

開口部の位置が分かるように、寸法線、寸法補助線、寸法、下書き線を描き入れます。

132ページで長さをメモしておいた❹❺❻の部分です。

❻の部分の寸法補助線の長さや位置は、図を参考にしてください。

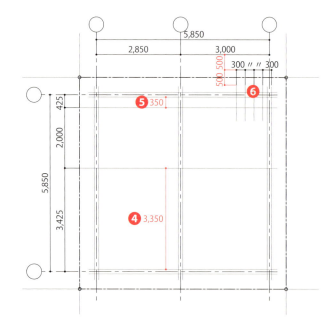

壁の断面線を太線で描き入れます。

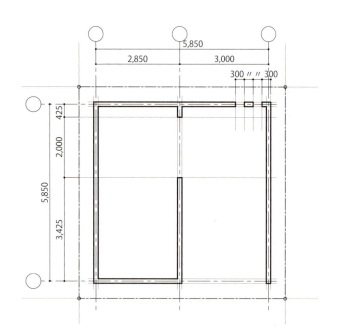

壁の厚さ寸法を描き入れます。

断面線の内部を薄いグレーで塗ります。

ここで1階の平面図はいったん終了して、2階の平面図に入りましょう。

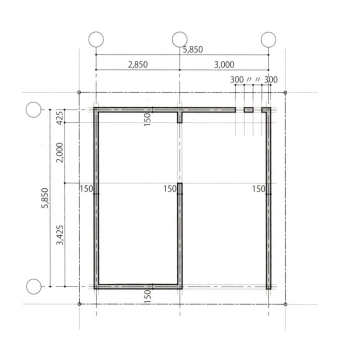

模型のカット（2階）

今度は、2階の部分をカットします。
地面から高さ3,700mmの位置（赤線）で切断します。

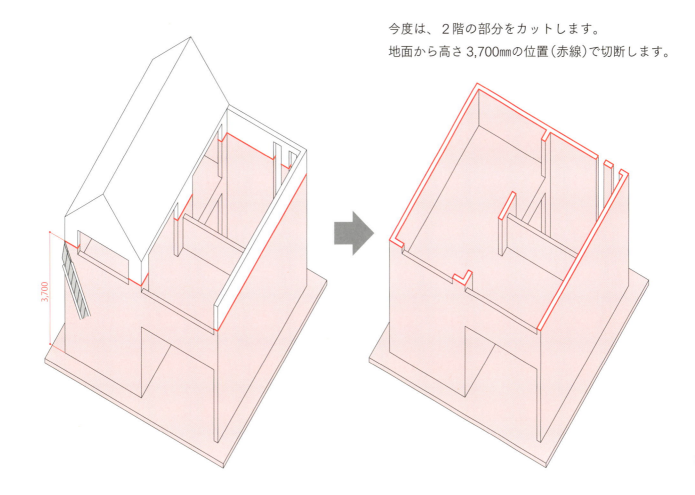

2階平面図のための採寸

図のように、壁の厚みの中央に、通り芯が入ります（黒い一点鎖線）。

2階テラスの腰壁（赤色の壁）にも通り芯があると分かりやすいので、赤い一点鎖線の位置に通り芯が入ることを確認してください。

通り芯と通り芯の間の寸法は、1階と同じ位置に通り芯がある場合は同じ値になるので、採寸する必要はありません。

1階平面図と同様に、作図に必要となる寸法（❶〜❾）はこの段階で測り、フリーハンドで平面図を描いてメモしておきます。

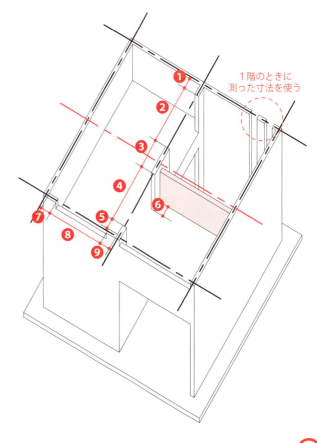

2階平面図の作図

1階平面図の作図と同じ要領で、通り芯とその間の寸法線、寸法を描きます。ただし、今回は2階平面図なので、敷地境界線は描きません。注意してください。

下段と中段の通り芯の距離 2,850mmは、135ページの❹❺❻の合計に壁厚 75×2 を加えたものです。

敷地境界線から寸法線までの長さや、寸法線から寸法線までの長さは特に決まっていません。見やすく、全体的なバランスがいい位置に配置してください。ここでは参考の値を赤文字で記載しています。

基準記号はまだ円の中に記入しないでください。

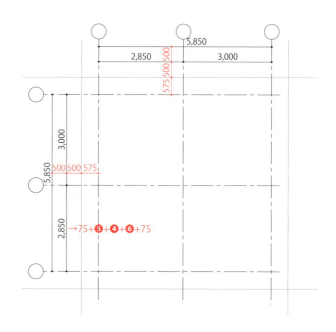

通り芯を中心として、そこから両側に 75mmずつ離して、壁の断面線を描くための下書き線を描きます。

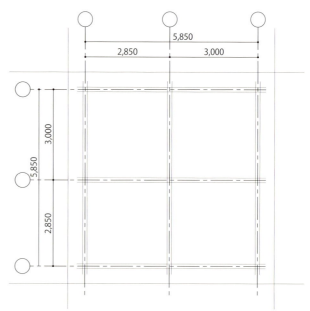

開口部の位置が分かるように、寸法線、寸法補助線、寸法、下書き線を描きます。

135ページで長さを測った❶〜❺、❼〜❾の部分です。

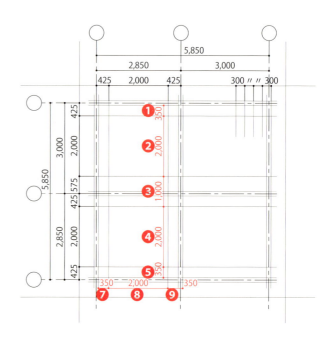

壁の断面線を太線で描きます。

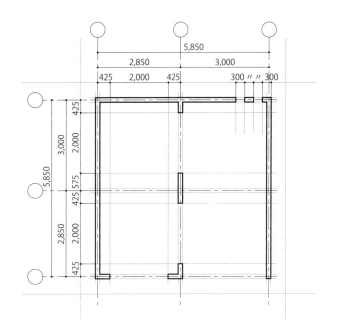

窓の部分と、腰壁の部分の「見えがかり線」を中線の太さで描きます。ここでは分かりやすく赤線で示しますので、よく確認してください。

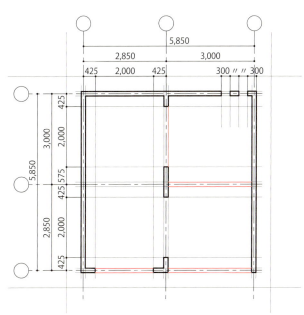

ここでいま一度、「断面線」と「見えがかり線」の区別を確認しましょう。

図の赤線が「見えがかり線」、グレー部分を囲む太い黒線が「断面線」となります。

壁の厚さ寸法を描きます。

断面線の内部は薄いグレーで塗ります。

ここで2階の平面図はいったん終了して、1階と2階の平面図を眺めてみましょう。

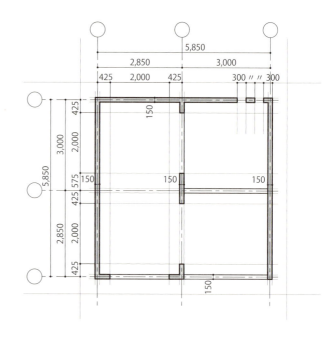

通り芯記号と切断線の記入

通り芯記号を空欄のままの円の中に記入します。図面左から順に1、2、3……、図面上から順にA、B、C……となります。

また、「切断線」も、1階と2階で同じ位置になるように記入します。ここでは、A-A'の切断線は通り芯Cから1,500mmの位置、B-B'の切断線は通り芯3から1,500mmの位置に設定しています。

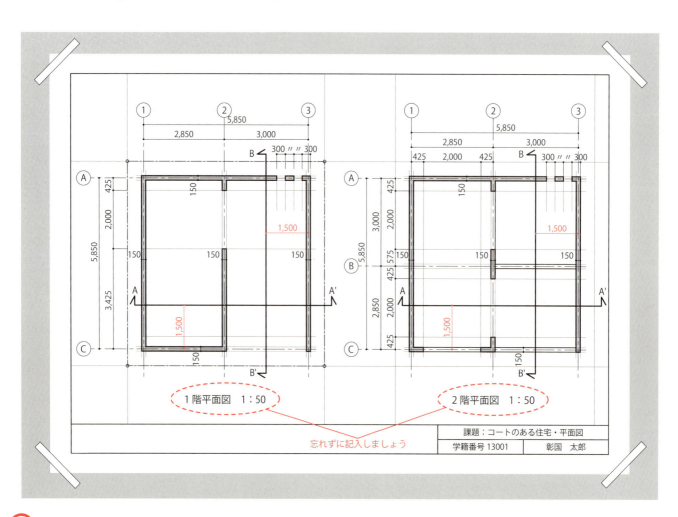

吹き抜けの描き方

　図の赤線内の部分は2階の床が設けられておらず「吹き抜け」と呼ばれる空間となっています。この吹き抜けの部分は、下の2階平面図で描かれているように、2階の床がない部分の隅から隅へと一点鎖線で2本の対角線を描いて表現します。またその中央には「吹き抜け」と記します。

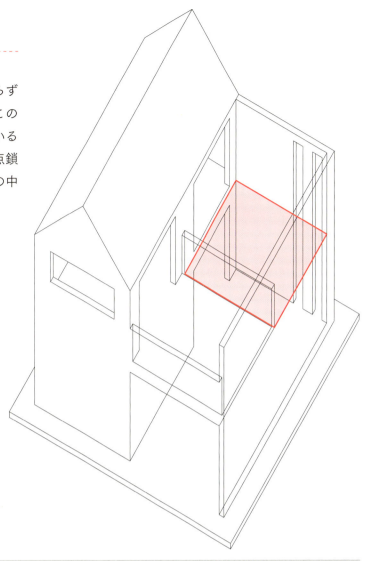

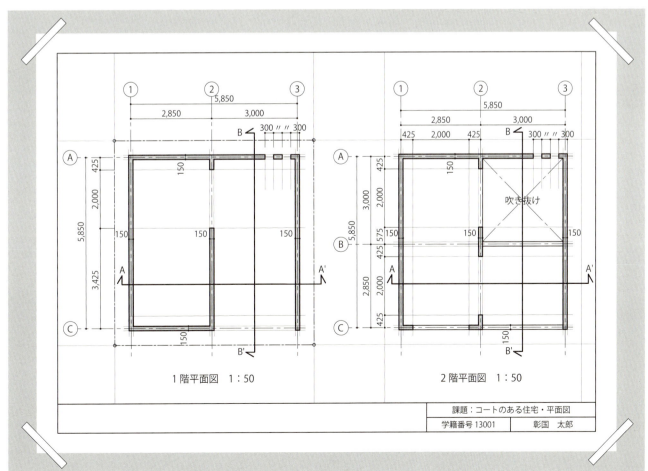

「隠れ線」の考え方

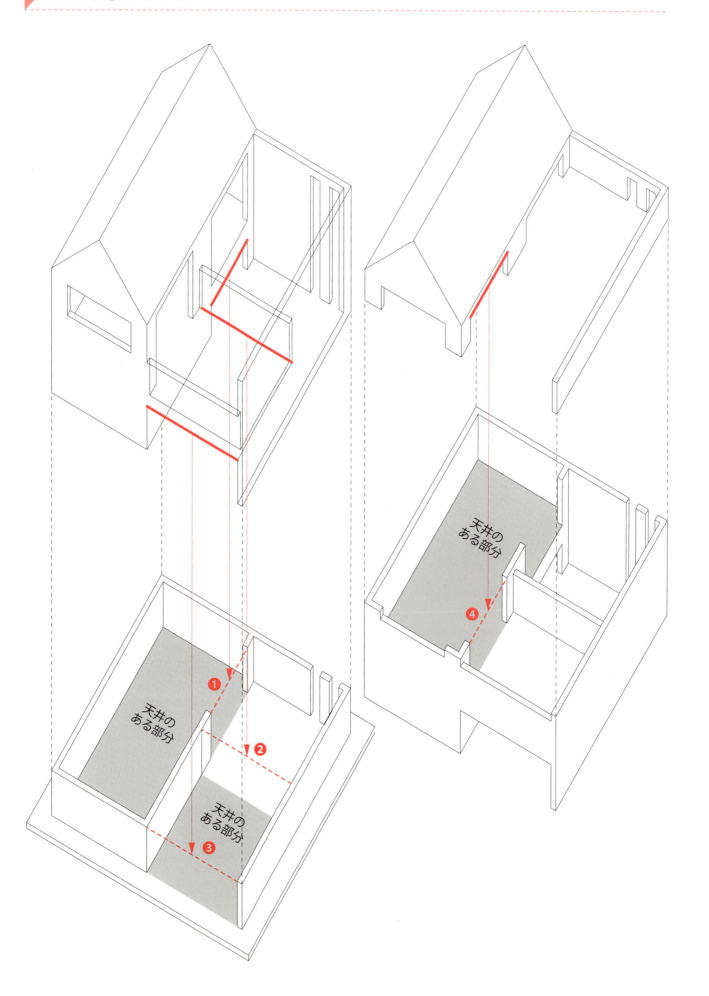

「隠れ線」の記入

　最後に、「隠れ線」を記入します。隠れ線は、その階の天井や屋根がある場所とない場所の境を示しています。**ここは、多くの学生が分かりにくいと感じている部分なので、丁寧に解説します。**

　まず、下の平面図を見てください。赤い点線で記した❶〜❹が隠れ線です。この線はどのようなときに描かれるのかを考えてみましょう。この家は、1階にも2階にも、屋根のある場所とない場所が存在します。

　しかしながら、もし、下の平面図に隠れ線が描かれていなかったとすると（139ページの状態）、1階も2階も、どこまでが屋根のある場所で、どこからが屋根のない場所か分かりません。

　そこで、天井や屋根がある場所とない場所の境を、点線で示すのです。左ページの図を見ながら確認していきましょう。

　まず、❶の点線が描かれることで、点線より左が室内（床がグレー）、右が天井のない吹き抜け空間（床が白）だということが分かります。また、❷と❸の点線が描かれることで、2つの線の間には天井がある（床がグレー）ことが分かるのです。同様に、❹の点線が描かれることで、屋根のないテラス（床が白）と天井のある室内（床がグレー）の境が分かるのです。

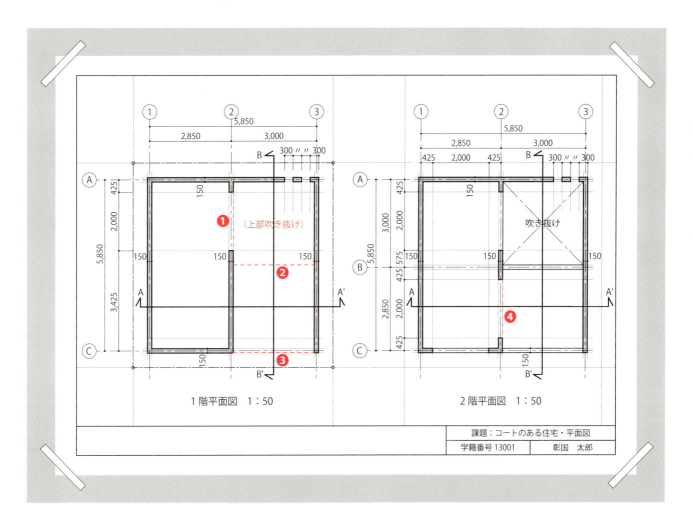

コートのある住宅・断面図

切断線の位置を確認

断面図を描くにあたり、まず「切断線」の位置を確認します。LESSON 16 で描いた平面図（右図）を見ると、切断線 A-A'、B-B' は通り芯C、通り芯3 からそれぞれ 1,500mm の位置にあることが分かります。

これらの切断線の位置で建物を切断し、矢印の方向を見たときの断面図を描くことを、ここで改めて確認しておいてください。

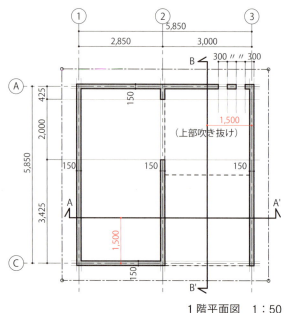

1階平面図　1：50

図面配置のための下書き線

平面図と同様、A3 サイズのケント紙に図面の枠と下書き線を描きます。

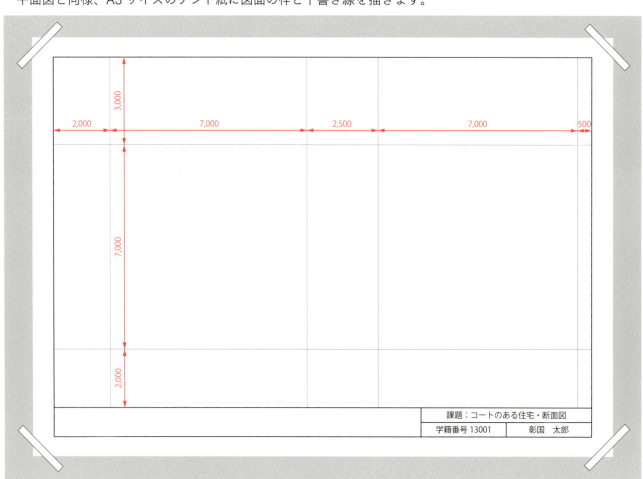

模型のカット

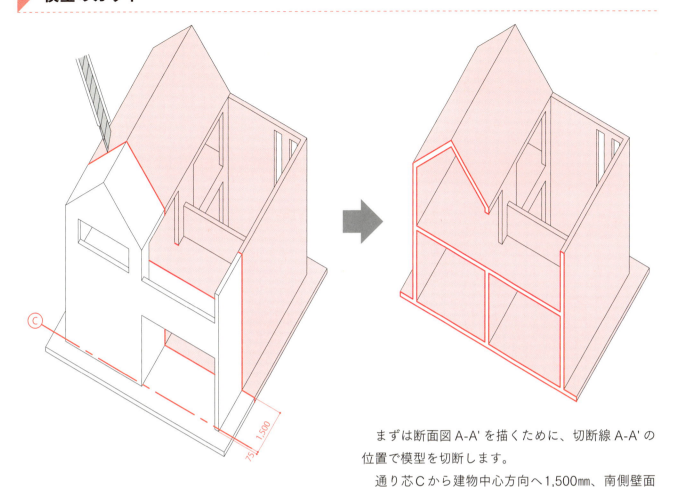

まずは断面図 A-A' を描くために、切断線 A-A' の位置で模型を切断します。

通り芯Cから建物中心方向へ1,500㎜、南側壁面からだと1,575㎜の位置になります。

A-A' 断面図のための採寸

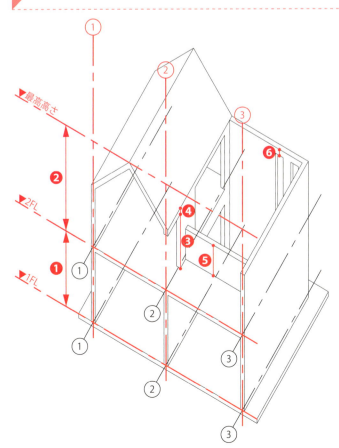

組立基準線1～3（①②③）は図のように、1階や2階の通り芯1～3（①②③）とそれぞれ垂直の位置関係にあることを確認してください。

さらに、「1FL」「2FL」「最高高さ」の組立基準線も図のように入ります。このとき、組立基準線は床の厚さの芯ではないことに注意してください。

確認できたら、「1FL」と「2FL」、「2FL」と「最高高さ」の間の距離（❶❷）を測ります。

ちなみに、組立基準線1～3の間の距離は、すでに平面図に記してあるので測る必要はありません。

他にも、断面図を描くために必要となる寸法（❸～❻）は、この段階で測ってメモしておきます。

A-A' 断面図の作図

下書き線で描いた2つの 7,000㎜×7,000㎜の正方形のうち左側に、組立基準線、寸法線、寸法、基準記号を描きます。

下書き線から寸法線までの長さは特に決まっていません。見やすく、全体的なバランスがいい位置に配置してください。

ここでは参考の値を赤文字で記載しています。

また、「▼1FL」「▼2FL」「▼最高高さ」を記入します。「▼」は、三角形の下端が、組立基準線に接するように記入します。

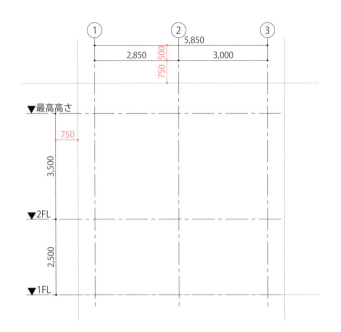

壁と2階床の厚みを描くための下書き線を描きます。いずれも厚さは 150㎜です。

2階の床は、組立基準線から下方に 150㎜の厚さです。

組立基準線の上下に 75㎜ずつ記入する間違いが多く見られますので、注意してください。

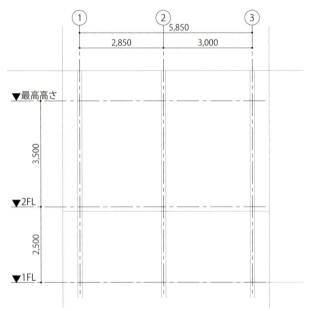

開口部や腰壁の位置が分かるように、寸法線、寸法補助線、寸法、下書き線を描き入れます。

143 ページで測ってメモしておいた❸〜❻の部分です。

三角屋根の頂点の位置が分かるように、組立基準線1と2の中間（❼）までの寸法線、寸法補助線、寸法、下書き線を描き入れます。

さらに、壁のスリット（細長い開口部：❽）のための寸法線、寸法補助線、寸法、下書き線を、平面図（134 ページ最上段の図）を参照して描いておきます。

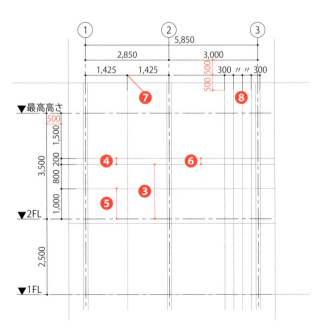

屋根を描くための下書き線を描きます。
❶の位置から45°の角度で左下、右下へのびる斜線を描きます。このとき、❷と❸で交わることを確認します。

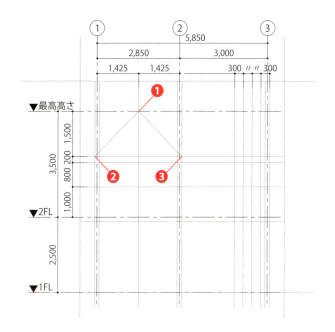

屋根の下書き線から150mmの間隔をあけて2階天井の下書き線を描きます。

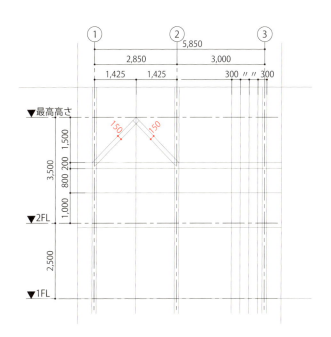

壁のライン（断面線）を太線で描き入れます。このとき、地面の描き入れ方に注意してください。壁の下の部分（❶❷❸）には太線は描きません。

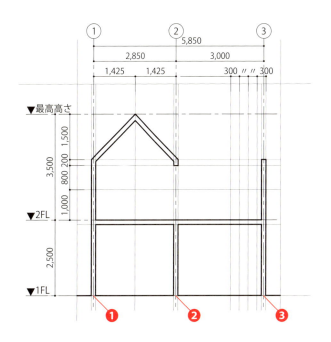

見えがかり線を中線で描きます。
　赤い点線で囲まれた部分は、腰壁に隠れてしまうので描きません。注意してください。

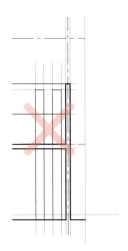

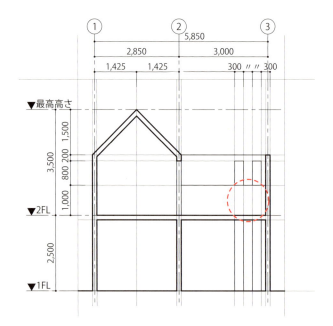

壁などの厚さ寸法を描き入れます。

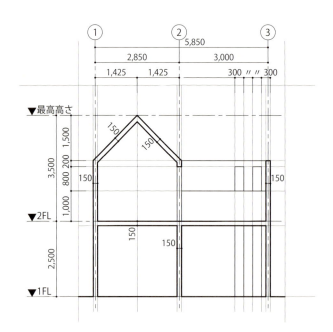

断面線の内部を薄いグレーで塗って終了です。
　地面も切断するイメージなので、1FLから下500mmにも薄いグレーを塗ります。

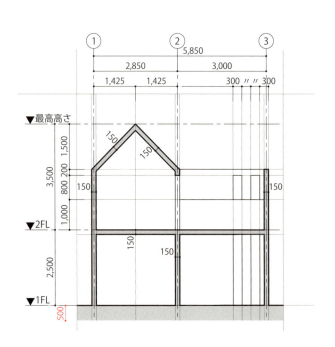

模型のカット

今度は断面図 B-B' を描くために、切断線 B-B' の位置で模型を切断します。通り芯3から建物中心方向へ 1,500㎜、東側壁面からだと 1,575㎜ の位置になります。

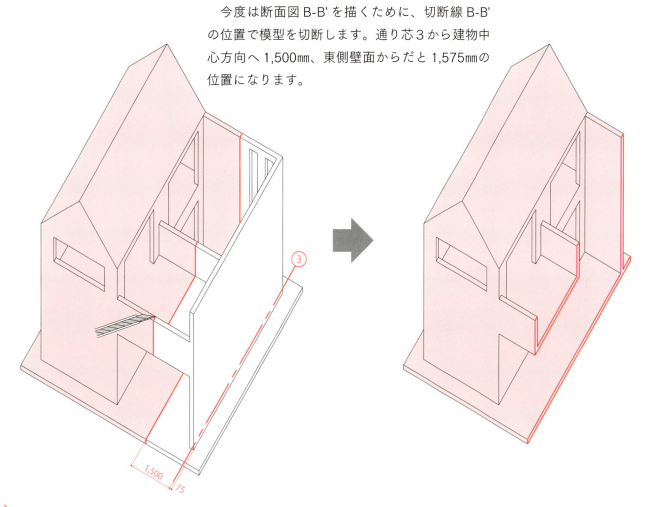

B-B' 断面図のための採寸

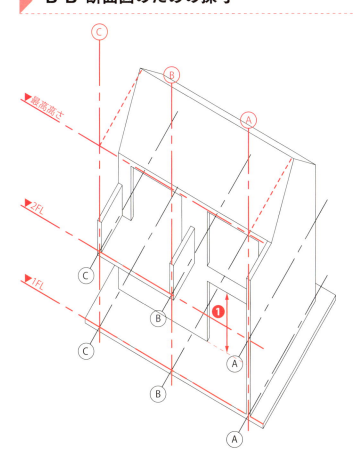

組立基準線 A〜C（ⒶⒷⒸ）は図のように、1階や2階の通り芯A〜C（Ⓐ〜Ⓒ）とそれぞれ垂直の位置関係にあることを確認してください。

さらに、「1FL」「2FL」「最高高さ」の組立基準線も図のように入ります。ここでも、組立基準線は床の厚さの芯ではないことに注意してください。

「1FL」と「2FL」、「2FL」と「最高高さ」の間の寸法は A-A' 断面図と同じ値になります。

他にも、断面図を描くために必要となる寸法（❶）は、この段階で測ってメモしておきます。

B-B' 断面図の作図

前のページでは A-A' 断面図を描きました。

その右側にある 7,000㎜× 7,000㎜の正方形に、組立基準線、寸法線、寸法、基準記号を描きます。

下書き線から寸法線までの長さは特に決まっていません。見やすく、全体的なバランスがいい位置に配置してください。

ここでは参考の値を赤文字で記載しています。

また、「▼1FL」「▼2FL」「▼最高高さ」を記入します。「▼」は、三角形の下端が、組立基準線に接するように記入します。

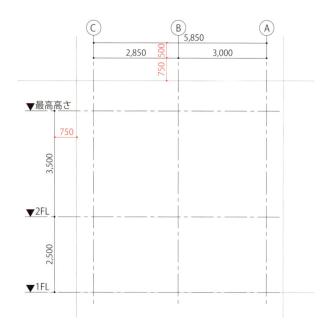

壁と2階床の厚みを描くための下書き線を描きます。いずれも厚さは150㎜です。

2階の床は、組立基準線から下方に150㎜の厚さです。

組立基準線の上下に75㎜ずつ記入する間違いが多く見られますので、注意してください。

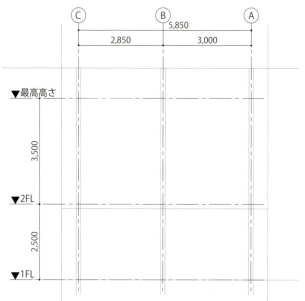

開口部や腰壁の位置が分かるように、寸法線、寸法補助線、寸法、下書き線を描き入れます。147ページで測ってメモしておいた❶の部分です。

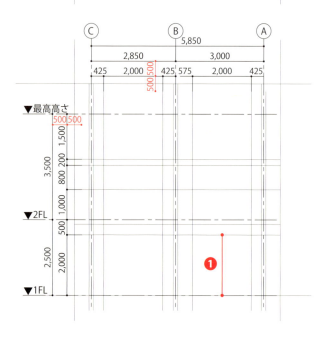

壁のライン（断面線）を太線で描き入れます。このとき、地面の描き入れ方に注意してください（145ページ最下段の図参照）。

次に、見えがかり線を中線で描きます。

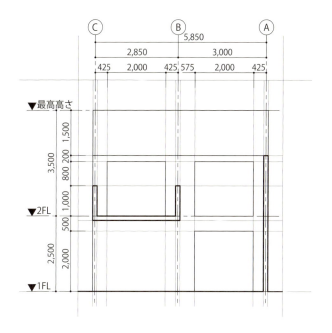

最後に、壁などの厚さ寸法を入れ、断面線の内部を薄いグレーで塗って終了です（下の図）。

地面も切断するイメージなので、1FLから下500mmにも薄いグレーを塗ります。

断面図の完成

完成した断面図は図のようになります。

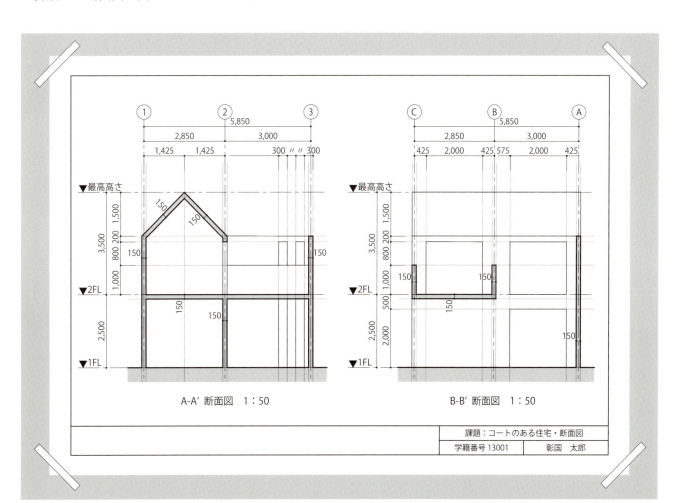

コートのある住宅・立面図

南立面図・東立面図

立面図は4面ありますが、ここでは、南立面図と東立面図を描きます。描く面を作製した模型で確認してください。

描き方の手順は、これまで説明してきた平面図や断面図と同じです。

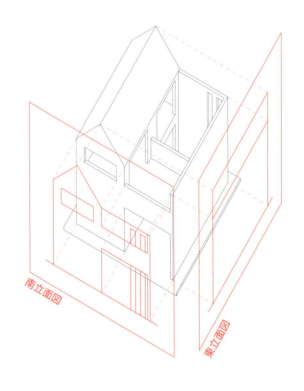

組立基準線の位置確認

南立面図、東立面図の組立基準線が図のように入ることを確認してください。

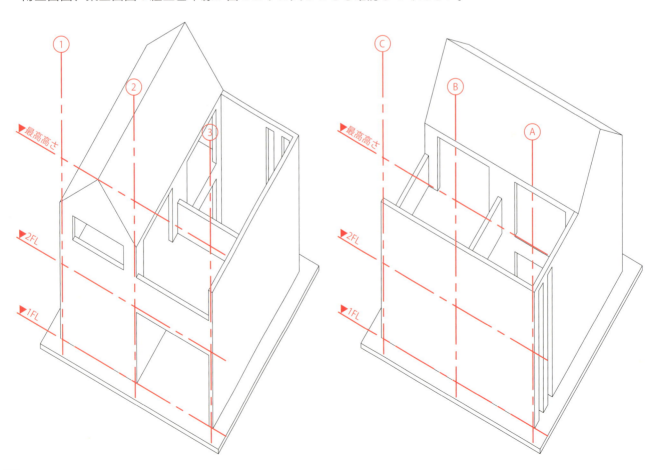

立面図の作図

まず、図面配置の下書き線を、断面図のときと同様に作図します（142 ページ参照）。

次に、平面図や断面図を作製したときの寸法を参考にしながら、組立基準線、寸法線、寸法、基準記号、下書き線を書くと図のようになります。これに、見えがかり線を中線で描き入れれば完成です。

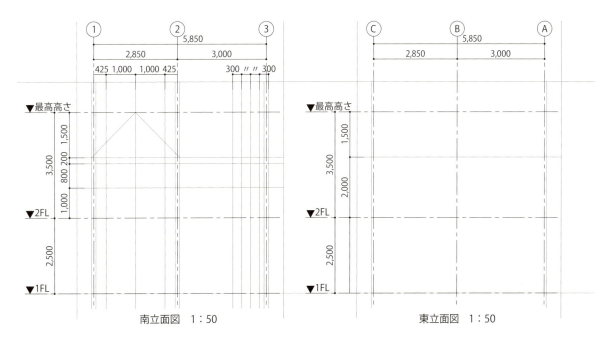

立面図の完成

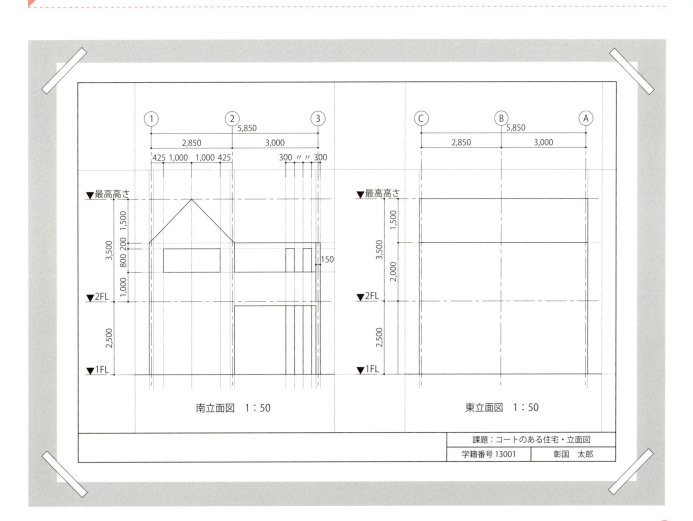

 テラスとピロティのある住宅の図面化

模型の図面化

　製図編の最終課題です。LESSON 11であなたが作製した、オリジナル住宅模型を図面化します。

　製図編で学んできたことを総動員して、図面化してください。実際に、LESSON 11で紹介した模型（模型作品A）を図面化したものを掲載しますので、参考にしてください。

模型作品A

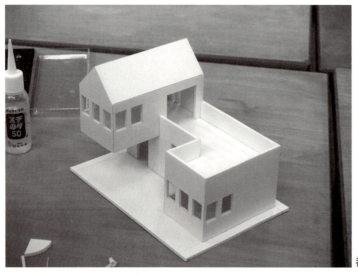

都築幸子（84ページ）

模型作品Aの図面化（平面図）

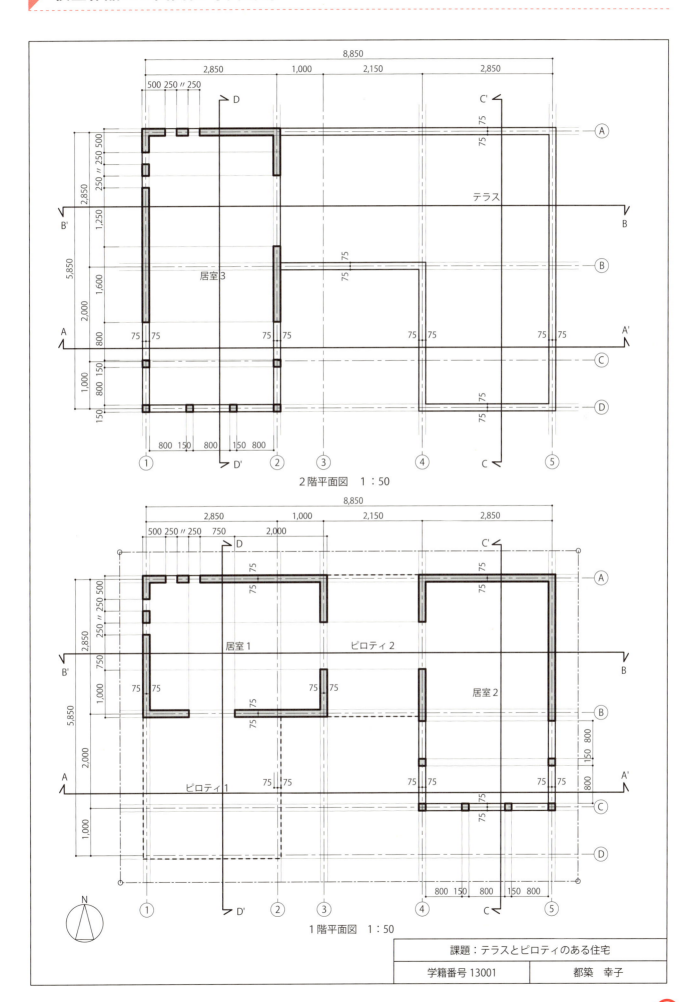

模型作品Aの図面化（立面図・断面図）

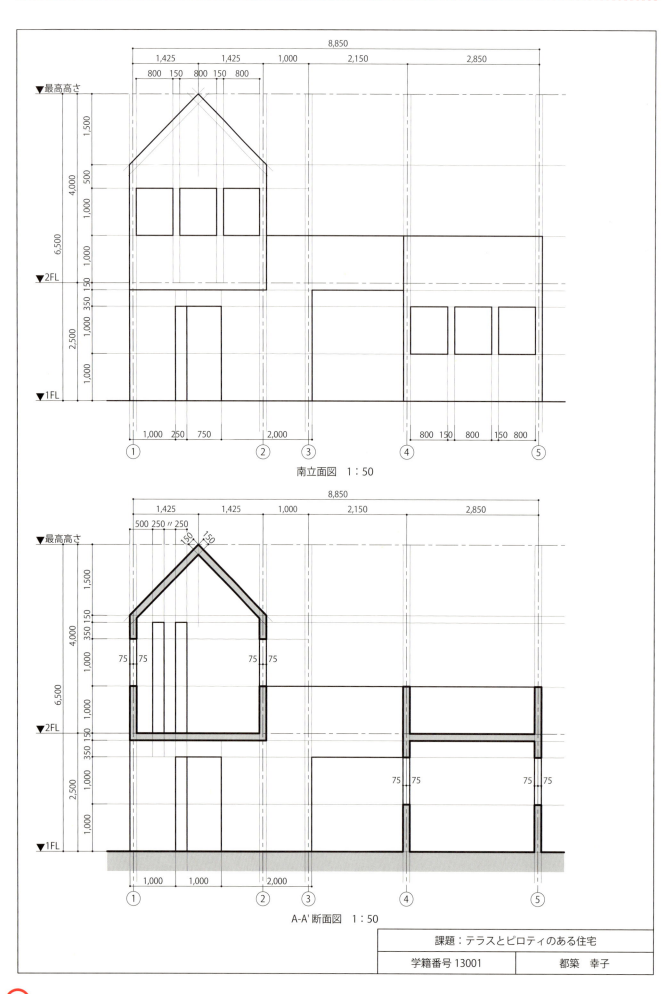

模型作品Aの図面化（立面図・断面図）

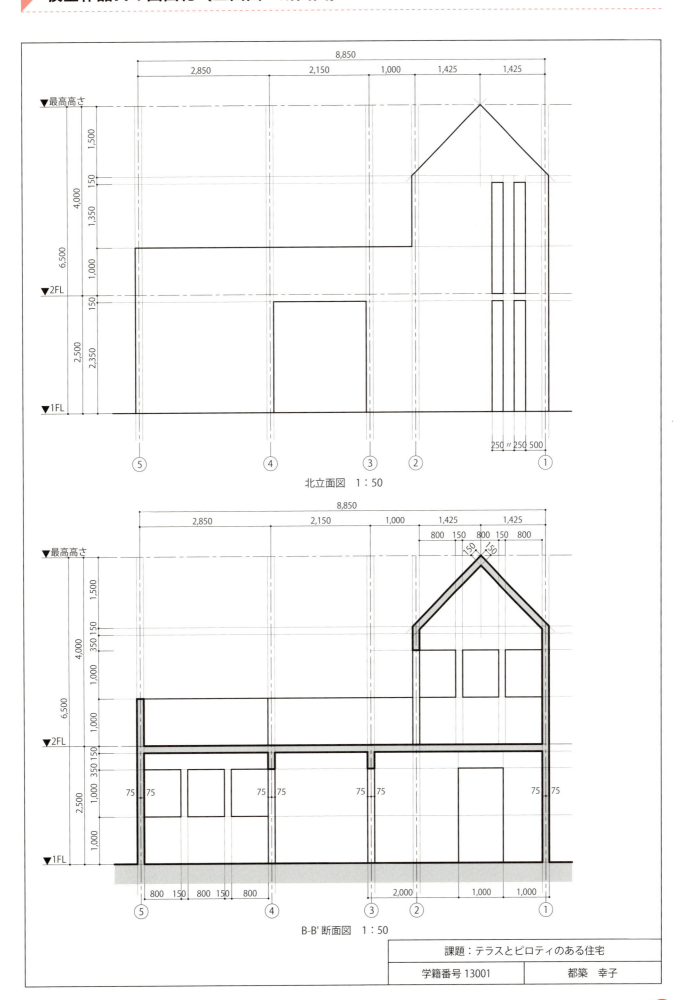

模型作品Aの図面化（立面図・断面図）

東立面図　1：50

C-C'断面図　1：50

課題：テラスとピロティのある住宅
学籍番号 13001　　都築　幸子

模型作品Aの図面化（立面図・断面図）

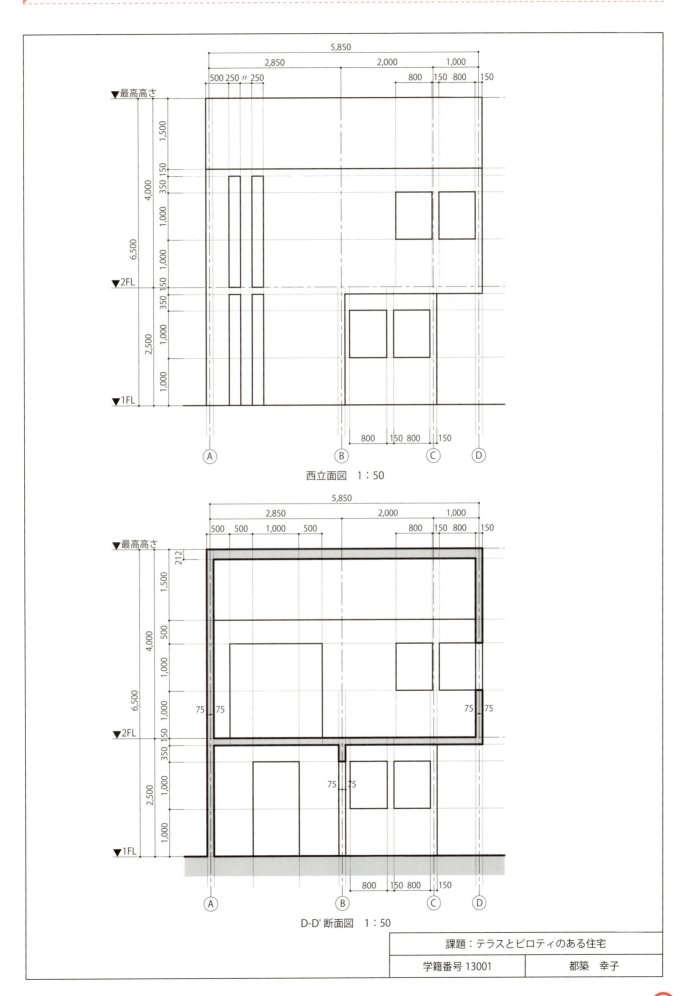

学生による図面化作品

　ここからは、実際に大学の演習授業で学生がデザインした模型を自分の手で図面化したものを紹介します。

　図面には、この段階ではまだ教わっていない階段、窓、テーブルやイス、さらには樹木や人間などが、学生自ら教科書や建築雑誌を参考にして描き込まれています。

　これらの要素は、壁で囲まれた無味乾燥な空間を、活き活きとした生活の場所へと演出する重要な要素です。

　紹介する図面は、建築製図としてはまだまだ未熟ですが、生活の場所としての豊かさは私たちに十分伝わってきます。

　正確でキレイな図面を描くことはもちろん重要ですが、豊かな生活の場所をデザインすることにも楽しく挑戦して欲しいと思います。

模型作品B

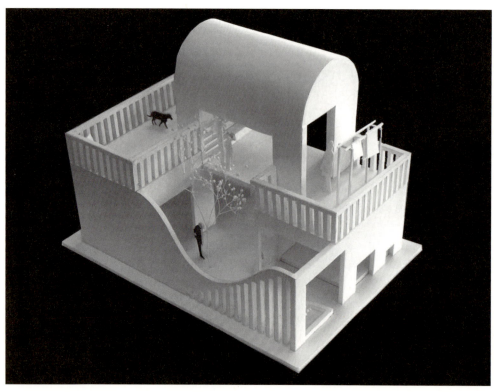

田中優（85ページ）

模型作品Bの図面化（平面図）

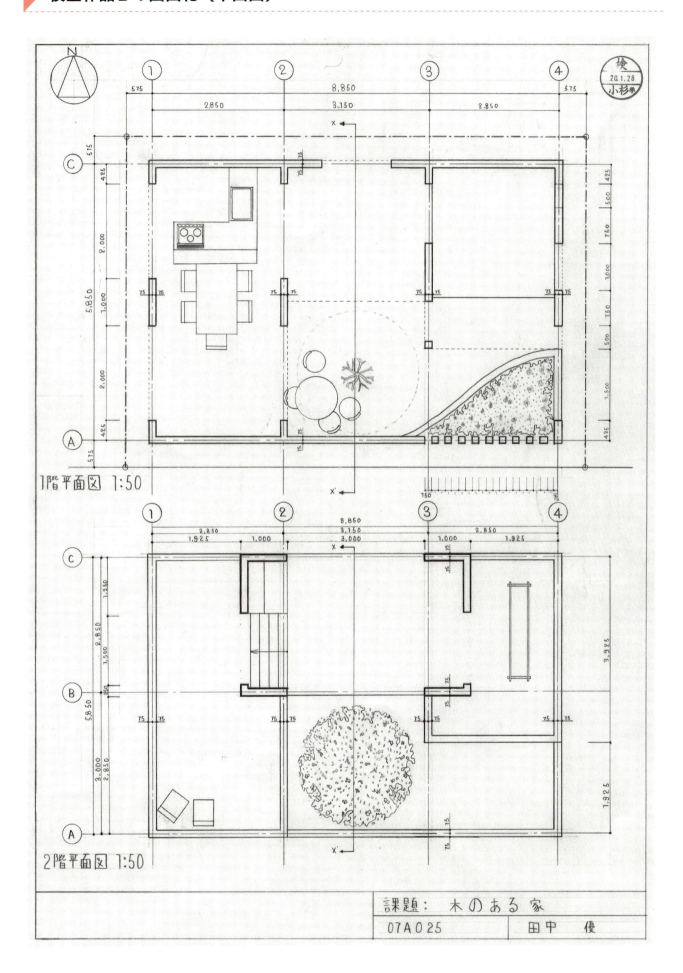

模型作品Bの図面化（立面図・断面図）

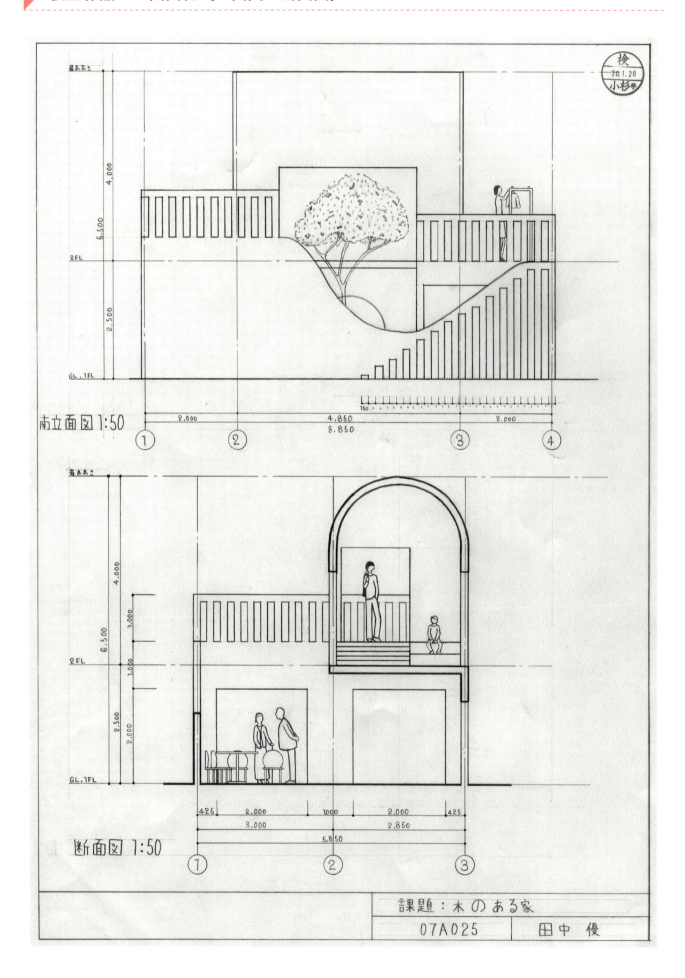

模型作品C

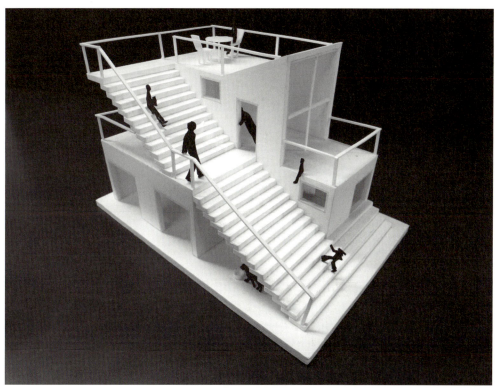

花井俊和（85ページ）

模型作品D

小田切勝仁（85ページ）

模型作品Cの図面化（平面図）

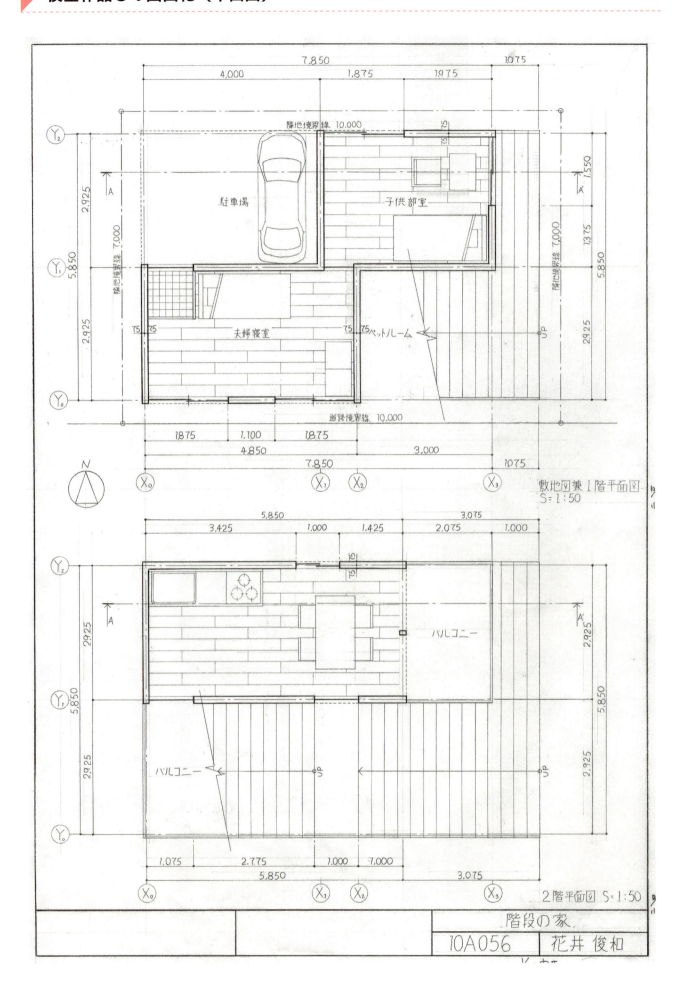

模型作品Cの図面化（立面図・断面図）

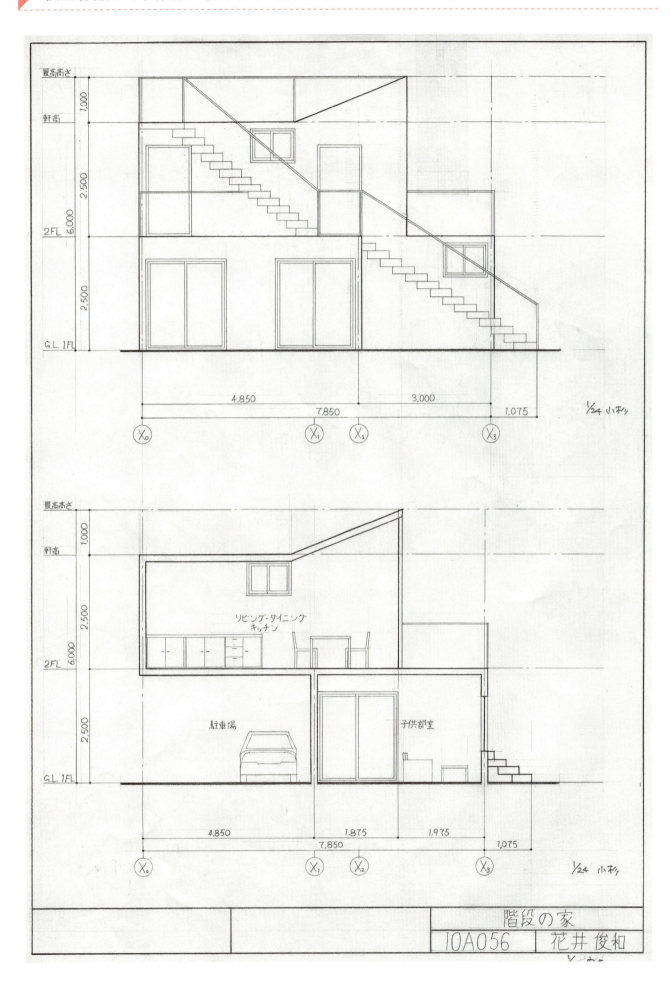

模型作品Dの図面化（平面図）

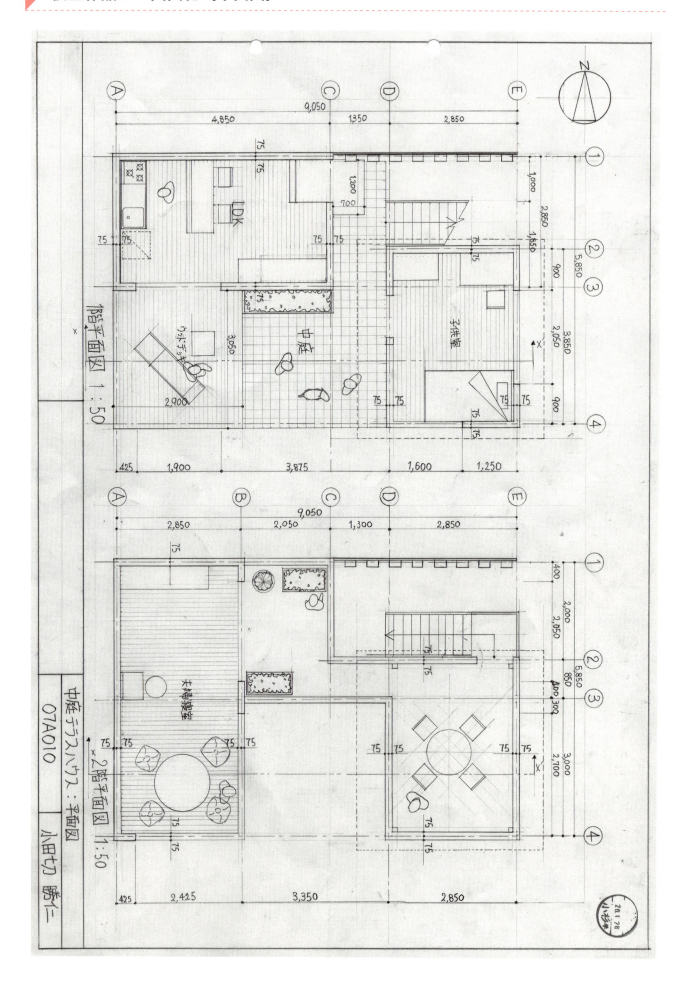

模型作品Dの図面化（立面図・断面図）

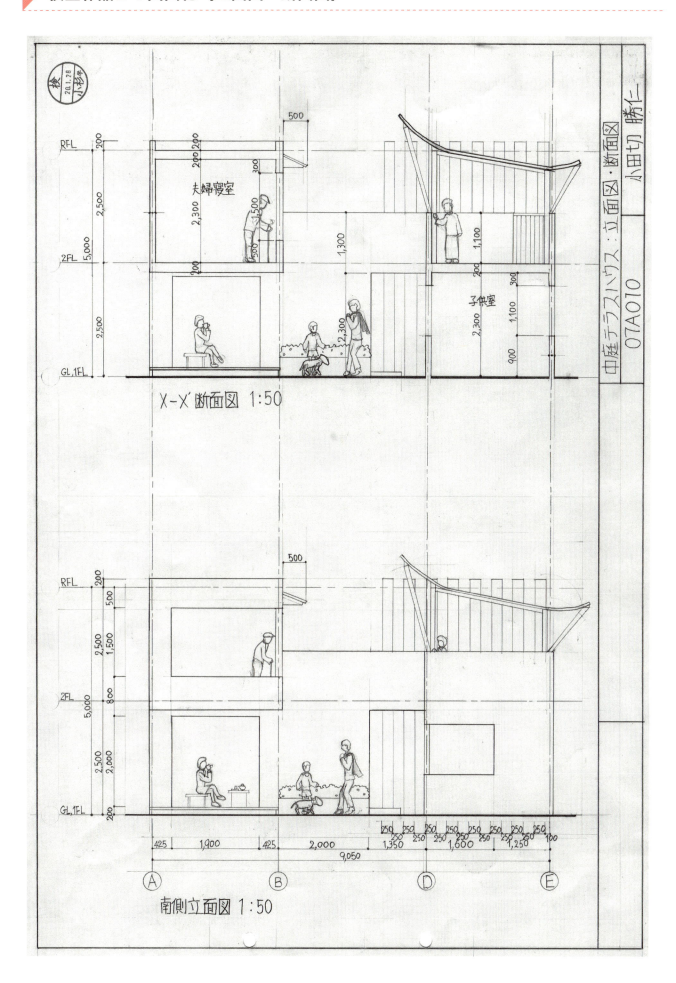

おわりに

　この本は、私が以前勤務していた愛知産業大学造形学部建築学科で1年生を対象として7年にわたり担当していた「建築造形」の演習で実際に使用した自作教材をもとに執筆したものです。愛知産業大学時代の同僚であり「建築造形」の演習を引き継いでいただいた竹内孝治先生より、本書の出版を勧めていただきました。

　はじめは軽い気持ちで引き受けましたが、長年使い慣れた教材とはいえ、分かりやすい教科書として執筆するのは困難の連続で、竹内先生には何度も相談にのっていただくことになりました。東北工業大学小杉研究室のOGである丹内絵美理さんには、本書に掲載している写真の模型と手描きのイラストを作製していただきました。お二人がいなければ本書は完成しませんでした。心より感謝申し上げます。

　また、本書に掲載している素晴らしい作品を作製してくれた、当時「建築造形」の受講生だった皆さんにも感謝申し上げます。

　そして、これからこの本で建築デザインを勉強する学生の皆さんには、手を動かしてものづくりを行うことの面白さを実感してほしいと心から願っています。

2016年3月

小杉 学

著者紹介

小杉 学 (こすぎまなぶ)

1973年　東京生まれ
1996年　明治大学理工学部建築学科卒業
2005年　千葉大学大学院博士課程修了・博士（学術）
2005年　愛知産業大学造形学部建築学科・講師
2012年　東北工業大学ライフデザイン学部安全安心生活デザイン学科・准教授
2016年　明海大学不動産学部不動産学科・准教授

専門：生活空間計画・まちづくり論・マンション問題

模型づくりからはじめる建築製図の基礎
2016年 5月10日　第1版 発 行

著者	小　杉　　　学
発行者	下　出　雅　徳
発行所	株式会社　彰　国　社

著作権者との協定により検印省略

162-0067 東京都新宿区富久町8-21
電話　03-3359-3231（大代表）
振替口座　00160-2-173401

自然科学書協会会員
工学書協会会員
Printed in Japan
©小杉 学 2016年

印刷：真興社　製本：中尾製本

ISBN 978-4-395-32057-8 C3052　http://www.shokokusha.co.jp

本書の内容の一部あるいは全部を、無断で複写(コピー)、複製、および磁気または光記録媒体等への入力を禁止します。許諾については小社あてご照会ください。

学生のための 読んで欲しい本

模型や製図の世界を教えてくれる本はたくさんありますが、なかでもおすすめの本6冊を紹介します。
この中から、「デザインって面白いね!」と思える本が見つかるかもしれません。
ぜひ参考にしてみてください。

見てすぐつくれる 建築模型の本
著者：長沖充

はじめてつくる人、慣れていない人にハードルの高い模型づくり。建築家が、イラストと写真で手取り足取りテクニックを伝授する。『模型づくりからはじめる建築製図の基礎』を卒業したら、読んでほしい1冊。

イラストでわかる 建築模型のつくり方
著者：大脇賢次

建築家が自身の経験をもとに、材料や道具の使い方から模型づくりのテクニックを具体的に紹介する。はじめて取り組む人でも、道具の選び方に迷わず、複数のタイプの模型づくりに取り組める！

建築設計演習 基礎編 建築デザインの製図法から簡単な設計まで
著者：武者英二＋永瀬克己

建築ってどんな世界？ からはじめる建築製図と建築設計の入門書。なぜ建築の技術が必要なのか、歴史と魅力をひもときながら手を動かすことの意味を見出している名著！

定番 建築製図入門
著者：大脇賢次

建築製図の基本的な約束事や作図のテクニックを、わかりやすくまとめた入門書。できるだけ1/100の縮尺で図面を収録し、何度も描いて上達することを促す学習の取り組みに徹底追求した！

建築製図の基本と描きかた
著者：フランシスD.K.チン　訳者：太田邦夫

全編手書きのイラストで構成された入門書。さまざまな図法の技法が展開するなかで、それを使う理由も説明されるなど、納得しながら自分の描きかたを習得できる！

測って描く旅
著者：浦一也

家で、外で、旅先で、測ってみよう。スケッチしてみよう。この習慣を身につけると、空間のスケール感が身につく。建築家の描く素敵なイラストは、思わず真似してみたくなる！